职场回话的万能钥匙

说话有道 回话有招

（应用版）

高情商聊天术

李　妍◎主编

情绪别失控

不怯场，offer轻松拿

中央编译出版社
CCTP Central Compilation & Translation Press

图书在版编目（CIP）数据

说话有道 回话有招 / 李妍主编. -- 北京 : 中央编译出版社，2025. 6. -- ISBN 978-7-5117-4949-9

Ⅰ. H019-49

中国国家版本馆CIP数据核字第2025NQ3043号

说话有道 回话有招

责任编辑 张 科
责任印制 李 颖
出版发行 中央编译出版社
网 址 www.cctpcm.com
地 址 北京市海淀区北四环西路 69 号（100080）
电 话 （010）55627392（总编室） （010）55627362（编辑室）
（010）55627320（发行部） （010）55627377（新技术部）
经 销 全国新华书店
印 刷 北京飞达印刷有限责任公司
幅面尺寸 710 毫米 ×1000 毫米 1/16
字 数 120 千字
印 张 9
版 次 2025 年 6 月第 1 版
印 次 2025 年 6 月第 1 次印刷
定 价 49.80 元

新浪微博： @ 中央编译出版社 **微 信：** 中央编译出版社（ID：cctphome）
淘宝店铺： 中央编译出版社直销店（http://shop108367160.taobao.com）（010）55627331

本社常年法律顾问：北京市吴栾赵阎律师事务所律师 闫军 梁勤
凡有印装质量问题，本社负责调换，电话 :（010）55627320

前言 Preface

语言是人类最基础、最强大的社交工具。日常生活中，我们离不开说话和回话。小到日常聊天，大到职场竞争、人际交往，那些会说话、能巧妙回话的人，往往能在各种场合游刃有余，懂得如何用真诚打动人心，又如何以智慧化解尴尬，收获更多的机会和善意。

在工作中，那些不懂说话技巧的人，发言毫无亮点，总是讲不到领导心里；那些深谙沟通之道的人，条理清晰，几句话就能让领导眼前一亮。在生活中，朋友间偶尔产生误会、情侣间发生争吵，不懂说话技巧的人，几句话就能让矛盾升级，而那些掌握了沟通技巧的人，则能用语言化解矛盾，使关系更加融洽。

沟通的艺术绝非简单的语言表达，而是一门需要系统学习的社交智慧，是我们在社会中立足的关键能力。懂得说话技巧的人，不仅能精准地表达自己的想法，还能巧妙地顾及他人的感受，避免矛盾和冲突。那些会回话的人，面对各种问题和状况，都能从容应对，给出令人满意的回答。

想象一下，你在社交场合遇到陌生人，不知如何开口，场面一度尴尬。只要你掌握了社交破冰的技巧，就能轻松打开话题，和对方愉快交流，并结交新朋友。又或者在谈判桌上，对方提出苛刻要求，你巧用谈判博弈技巧，既能维护自己的利益，又能达成合作，实现双赢。然而，提升说话和回话能力不是一朝一夕就能实现的。很多人空有想法，却不知道具体的方法。

基于这样的洞察，我们精心编写了《说话有道　回话有招》这本实用指南。本书摒弃了晦涩难懂的理论说教，用通俗易懂的语言，结合诸多生活和工作中的实例，教你在不同场景下学会如何说话、回话。不管你是职场新人、社交达人，还是想要改善亲密关系的伴侣，都能在书中找到适合自己的沟通技巧。翻开这本书，你将收获的不仅是沟通技巧的提升，更是一次人际关系的全面升级！

目录 Contents

第1章

场景化表达：不同场合的说话策略

生活是一个大舞台，我们在不同场景中扮演着各自的角色，而每个场景都对沟通艺术有着独特的要求。职场中，一次漂亮的汇报能让领导对你刮目相看；亲密关系中，掌握“非暴力沟通”技巧能化解矛盾，升温感情；社交时，掌握破冰技巧，可以让你告别尬聊，朋友自然越来越多；公开演讲时，只有克服紧张情绪，才能展现个人魅力；谈判博弈时，巧用策略，就能赢得先机；线上沟通时，只有管理好情绪，传递的信息才更准确。

1 职场突围：如何让领导对你留下好印象？

作为职场人士，拥有好口才不但可以更好地展现个人能力，还可以提升自身风采，为职业发展添砖加瓦。当你在领导、同事面前侃侃而谈时，无形中就会增加你的职场筹码，为你的晋升之路创造更多可能。只有先让领导对你留下好印象，才能让领导进一步认可你。

用好口才铸就好印象

在职场中，领导每天要见的人何其多，很难对每个人都留下深刻印象。而你若想让领导对你留下深刻的好印象。那么，要如何做到呢？一个极具个人特点的自我介绍就可以帮你达成目的。

王放自毕业起就进入公司工作，至今已兢兢业业干了两年。可是他有一个致命的弱点——口才欠佳，尤其是向领导汇报工作时，连领导都为他感到着急。有一次，领导让他负责一个重要的市场调研项目，并要求周五汇报工作成果。一转眼就到周五了，王放也如约来到领导办公室。领导放下手头的工作，准备专心听他汇报。可是王放呢，从一进来，身体就抖得像筛糠一样，手足无措。好不容易等到他开口，说的却是："我这周去了不少地方，见了不少人，完成了不少工作。我还去了周边的几个商场，和售货员、消费者都接触了一下，感觉收获不小。"

王放讲话既无章法，也全是笼统性介绍，领导根本不知道他究竟完成了什么工作，又取得了什么样的进展。领导从内心深处觉得王放是一个能力不足的员工。

让领导记住你的第一步——出色的自我介绍

在职场上，自我介绍的重要性毋庸置疑，它可以让你在领导心目中留下深刻的第一印象，让领导对你留下好印象，并愿意了解你，时机成熟时提拔你。如若不然，哪怕你工作再勤恳，也难以得到领导的提拔。

张兵一直是公司的技术能手、业务骨干。这次公司开发了一个重大项目，要求各部门通力合作，一个月后汇报项目的进度和工作成果。很快就到了汇报工作的日子，张兵作为本部门的核心成员，被要求作为代表介绍自己在此次项目中的成果。

轮到张兵时，只见他站起来说：“我在这个项目里投入了不少精力，也取得了不少成果，从一开始的调研，到后面的执行和收尾，我从未缺席。”听他讲完，在场的人都目瞪口呆，尤其是本部门的人，更是瞠目结舌，这叫什么汇报工作成果？丝毫没有提及自身在该项目中做出的突出贡献。领导对他失望不已，在之后的职位晋升机会中，第一个将他排除在外。张兵悔之晚矣，原来自己不重视自我介绍，会酿下如此苦果。

重点展示自身特色

第一印象的好与坏，会直接影响一个人的职业发展前景，特别是在职位晋升的关键时刻，更是起着举足轻重的作用。试想一下，如果领导压根儿记不住你，又如何谈及给你晋升的机会呢？所以，如果有一个机会可以让领导记住你，你一定要牢牢抓住，增加自己未来成功的可能性。自我介绍时重在展示自己的特色，以期让领导快速记住你。

赵刚在一家广告公司的创意策划部门工作，平时工作热情高涨、头脑也颇为灵活，可始终没能得到领导的重用。这一次，公司挖到一个重要客户，准备先在内部进行一次头脑风暴，然后再向客户提交方案。领导要求创意策划部门的每一个人都要积极发表自己的观点，阐述自己的想法，并进行自我介绍，择优录用。轮到赵刚时，他有所准备，只见他站起来落落大方地说："大家好，我是赵刚，两年前进入本部门工作。在之前的项目中，我通过创意营销思路，给产品设计了独一无二的宣传方案，极大地提升了产品的市场知名度。对于本次的大客户，我对他们的品牌定位进行了深入探究，制定了一套完整的创意方案，可以将目标受众吸引过来。"赵刚凸显自身优势的自我介绍让领导眼前一亮，之后他成为此次项目的核心成员，逐步成为公司里的名人，职业前景一片光明。

让领导一眼就记住你的自我介绍

1. 自信成就自我

哪怕你是一个特别不喜欢表现自己的人，到了相应的场合，也要自信勇敢地表现自己，用语言展现出你的特色。只有给自己镶上一道金边，才能让别人记住你。

2. 真诚的语言是必杀技

在职场的自我介绍中，适当地展现自身优势固然重要，但切忌夸夸其谈，因为言过其实的表达不仅容易引起质疑，还可能让领导对你的专业性和可信度产生负面判断。保持真诚、稳重的态度，才能给人留下踏实可靠的印象。

3. 谦虚而不自卑

在领导面前谦虚一点是合情合理的。如果为了表现自己的谦虚，就一味地贬低自己，会给人留下“毫无价值”的第一印象，自然难以得到领导的重视。

4. 言简意赅，重点突出

自我介绍切忌冗长拖沓，措辞要简要，要抓住重点信息简要介绍，定位清晰、阐述有条有理，这样的自我介绍既能展现专业素养，又能让领导快速抓住重点，进而改变你的职业生涯。

2 亲密关系：用“非暴力沟通”化解争吵

也许我们并没有意识到，语言也可能成为一种精神暴力，其所造成的伤害远远超出生理上的创伤。精神暴力会让人抓狂，从而引发人与人之间的矛盾和冲突，进而形成“语言暴力”。考虑到“语言暴力”的杀伤力，如今人们越来越重视“非暴力沟通”。

“非暴力沟通”的意义

“非暴力沟通”意在告诉我们，人类的天性是相互连接的。它用一种具体的方式教我们活出天性，帮助我们重新创建自我表达的方式，让语言不只是单纯习惯性的表达，而是有意识的反应。

快到周末了，丽菁和男友浩轩因为周末规划意见不同爆发了激烈的争吵。浩轩想和朋友一块儿去打篮球放松一下，丽菁则希望男友能陪自己去看电影。丽菁气愤地说：“在你心里，兄弟永远比我重要！”浩轩也很生气，说：“我就周末和朋友打会儿球怎么了？你不要无理取闹！”两人针锋相对，谁也不让谁。眼看战火愈演愈烈，丽菁想到“非暴力沟通”，平静了一下，说：“亲爱的，我知道你喜欢打篮球，可是我很早以前就计划看电影了，我非常希望你能陪陪我，创造更多独属于我们俩的浪漫回忆，你看和朋友打篮球能不能约到下次？”

看到丽菁的语气缓和下来，浩轩也觉得自己刚刚有点儿过分了，只顾着自己快活，没有考虑到女朋友的感受。最终浩轩决定周末先去看电影，下次再和朋友打球。两人的感情也变得更好了。

拥有神奇力量的“非暴力沟通”方式

“非暴力沟通”具有一种神奇的力量，可以让我们自如地调节自己的情绪，不管周遭环境如何变化，我们都可以让自己平和地与他人沟通。它并不是一种压抑自我、迎合他人的沟通方式，而是从内心深处生出的语言。

俊辉和温馨的小家刚刚建立，两人就因为家庭财务规划问题产生了分歧。温馨想要买套家庭影院，可是俊辉不支持，他说：“你只顾着眼前快活，完全不考虑我们的未来。”温馨很生气，她毫不示弱地回呛道：“我怎么没考虑？就你会精打细算，我不会过日子呗！”眼看双方要爆发更激烈的争吵，温馨试着用“非暴力沟通”方式，用平和的语气说："老公，我知道你是一个未雨绸缪的人，一切都是为了我们这个小家。可是我希望能让这个家变得更温馨，等家庭影院买回来以后，我们周末就可以宅在家里看电影，想想就很浪漫。你看看我们能不能好好沟通一下，在确保储蓄的前提下，拿出一部分钱来提升生活品质呢？"俊辉听后，觉得温馨说得有道理，就不再和她针锋相对，两人商量着重新制定了财务规划。

"非暴力沟通"让我们乐于沟通

尽管我们每天都会和不同的人打交道，和他人交流，可是极少有人关注沟通的本质。沟通在我们的生活和工作中扮演着重要角色，正是因为沟通，两个生命才能更好地连接在一起。可鲜少有人注意到当两个人沟通时，有很大的精神暴力因素存在。而"非暴力沟通"的作用这时就显现出来了，它可以帮助我们改善与人交流的方式，让人们乐于交流。

周五晚上，清风和小若约好一起看电影。可是他们刚出发，清风就接到同事打来的电话，说有一项紧急工作需要他处理。清风让小若先去，自己匆忙赶回单位处理工作。等他返回电影院时，电影已经开始 15 分钟了。小若气不打一处来，忍不住责怪道：“你总是这样，工作永远排在我前面。”清风原本就因为处理工作身心俱疲，听到女友这么不理解自己，不由得也有些生气：“你以为我想吗？”两人之间的气氛瞬间变得剑拔弩张。

冷静了一会儿后，清风想到“非暴力沟通”的方法，拉过小若的手，小声地对她说：“我知道你很生气，我心里也不好受。可我还是要跟你说一声抱歉，是我没有提前安排好。”听到男友的声调降下来，小若也冷静下来说：“我理解你工作忙，只是刚刚觉得很失望，所以有点生气。”二人就这样化干戈为玉帛，手牵手回家了。

“非暴力沟通”的四大要素

1. 观察

要想实现“非暴力沟通”，首先要做的就是观察。大部分时候，我们会在观察时形成自己的观点。而“非暴力沟通”则要求我们将观察和评论区分开来，观察可以让我们更客观地看待发生的一切。

2. 感受

在我们平常与他人沟通时，表达都是在感受的基础上发生的。人们感受如何，接下来的交流方法和交流语言就会是什么样子。“非暴力沟通”中的感受要素，可以让我们在沟通中更好地认识自己、了解他人。

3. 需要

每一种感受背后，都有潜在的需要。沟通只是采用语言的方式，让他人意识到自己的需要，进而满足自己的需要。“非暴力沟通”让人们用观察和感受的方式，解读这些感受背后的需要。

4. 请求

如何提出请求，是“非暴力沟通”尤为关注的课题。当人们能够清晰、具体地提出请求时，获得对方积极回应的可能性就会显著提升。

3 社交破冰：消除陌生感，不再尬聊

在人际交往中，我们每天都会与形形色色的陌生人产生交集：有的人可能会成为我们的挚友，有的人可能只是泛泛之交。但无论如何，两个人从陌生到熟悉，都要经历一个循序渐进的过程。掌握社交破冰技巧，可以帮助我们消除陌生感，避免尬聊，让交流如行云流水般自然地展开。

如何和陌生人交流

当你遇到一个不熟悉的人，你一定会暗自揣摩：“我应该如何打破僵局，交到这个朋友呢？”其实，不仅是你，任何人在和陌生人打交道时，都希望对方能主动打破尴尬，彼此聊点什么。

浩安入职不久，他所在的部门就组织了一次团建活动。到了郊外，大家都兴致勃勃地围坐在一起聊天，只有浩安一个人坐在角落里，因为这些同事他都不熟悉，不知道该如何和他们交流。这时，同事王兴风见状，主动坐到浩安身边，说：“浩安，听说你是学美术出身，那你对色彩搭配肯定很有心得，你能给我讲讲其中的小窍门吗？”

浩安一听，顿时来了兴致，细致地给王兴风讲起了色彩搭配的种种窍门。其他同事见他们聊得如此火热，也加入进来。浩安发现，其实和陌生同事交流也没有那么困难，只要有人主动开口，找个大家都感兴趣的话题，就很容易围绕这个话题展开讨论，交流心得。比如大家周末都去哪里玩啊，最近有什么热点新闻啊等。慢慢地，浩安和同事们相处得越来越好，他再也不觉得社交很难了。

客套话、场面话的重要性

这样的经历相信人人都有过：当你进入一个陌生的场合，他人会用客套话和你寒暄，拉近彼此的距离。场面话可以打破双方交流的壁垒，避免首次见面时的尴尬。用好客套话、场面话，可消除交流中的陌生感。

业内要举办一场盛大的行业交流会，王阅听说一位行业大咖也会前来，便向公司申请赶了过来。会议进行到一半时，王阅看到他所仰慕的那位大咖一个人坐在角落里，便找其他人换了位置，坐在了大咖旁边。

王阅鼓起勇气，微笑着对那位大咖说：“您好，今天这场交流会举办得很成功，您觉得哪个环节给您留下的印象最深呢？”大咖一听，立刻两眼放光，开始向王阅分享自己的观点。王阅听得很认真，时不时点头回应。在双方交流的过程中，王阅时不时还会发表几句自己的观点，引来大咖欣赏的目光。会议结束以后，大咖主动找他交换了联系方式，并表示这个朋友他交下了，以后有机会一定合作。王阅以几句得体的场面话为敲门砖，成功敲开了和大咖交流的大门，拓展了自己的人脉圈。

特定场合的客套话

在一些特定场合，会用到一些有针对性的客套话。比如，你给对方添麻烦了，要真诚地向对方说一句“抱歉”，要不然，对方会很久都难以释怀；在请他人帮忙后，要真诚地向对方说一句“谢谢”，假如没有这样的客套话，对方会觉得你没有礼貌；在发表演讲时，可以先客套性地说一句“我讲得不对的地方，还请大家多多指正”。这样的客套话确实可以彰显自身修养。

一次商务聚会，赵延也在受邀之列。他此行是带着任务来的——要和几位初次见面的客户谈合作事宜。他提前做了功课，知道有一位客户喜欢古玩。到了会场以后，通过观察，赵延发现其中一位客户手上戴着一条别具一格的佛珠手串，于是他以此为突破口，上前问道："秦总，您这条手串看起来很不一般啊，是不是有什么特别的来历啊？我一直对古玩很感兴趣，只是不精通。"客户一听，顿时像找到知音一样，详细介绍起这条手串。赵延听得很认真，还讲了一些自己在传统文化方面的心得，客户一下子对他升起不少好感。之后谈到合作时，客户也对他更加信任，交流起来十分顺畅。

赵延就这样通过抓细节的方式，以轻松的话题为突破口，拉近了和陌生客户之间的距离，为今后的合作打下了良好的基础。

将话说到陌生人的心里

1. 开门见山

当你初次见到陌生人时，不妨用开门见山式的开场白，像"初来乍到，还请大家多多关照”“很高兴认识大家”……这样会让大家觉得你很热情，容易拉近彼此的心理距离。

2. 问话探路

将对方想象成一个路人，你就像问路一样，和对方打开话匣子。你也可以用自己知道却装作不知道的问题请教对方，从而占据言语上的主动权。不管对方回答得对还是不对，你只需要洗耳恭听即可，以此打开双方交流的大门，消除彼此的陌生感。

3. 轻松探微

当你初次与陌生人交流时，你只需以某个细节为突破口，就可以打开对方紧闭的心门。比如对方使用的手机挂饰很特别，对方戴的耳环你很喜欢等，谈论这些细节会让对方愿意和你交流。聊天的话题最好是轻松愉快的，这样才不会引起对方的反感。

4 公开演讲：克服紧张感的"身体欺骗法"

一个人要想更好地适应这个社会，在职场上脱颖而出，除了拥有过硬的专业技能，还要学会演讲，尤其是即兴演讲。这是一种非常重要的能力，它会为你的职业晋升之路添砖加瓦。当然，学习演讲和学习其他技能一样，也是不断从失败中爬起来，再继续奋斗的过程。

你演讲时会紧张吗？

演讲时，很多人都会感到紧张，会脸红、心跳加速、说话结巴等。过度的紧张当然不可取，因为会对演讲效果产生负面影响。但适度的紧张则可以起到调节机体潜能的作用，使身体摄入更多氧气。

方敏是一名大一新生，这天，辅导员找到她，让她作为新生代表发表演讲。方敏一听就发怵，她性格内敛，鲜少在大众面前讲话，一想到要面对那么多同学发表演讲，她就紧张得直冒冷汗。第二天，站在后台的方敏手脚冰凉，心都快跳到嗓子眼儿了，胃里也一阵阵抽痛。当主持人宣布新生代表上台演讲时，她不断地告诉自己，别紧张，只是演讲而已，又不是比赛。可是这根本不起作用，她上台以后依然特别紧张，声音小得像蚊子声一样，话都说不利索了。同学们在下面窃窃私语，方敏一看这架势，愈加六神无主了，草草结束了自己的演讲，仓皇冲下舞台，要多狼狈有多狼狈。回到宿舍以后，方敏依然一副垂头丧气的样子，她觉得自己太没用了，连一次演讲都能搞砸，她暗暗下定决心，一定要克服演讲紧张的问题。

演讲前要如何做准备

上台前先做好充分的准备，提前到现场彩排，保证充足的睡眠，以确保演讲时有一个好的状态。提前在现场听众中认识一些朋友，方便在你演讲时互动。在洗手间里给自己打气，暗示自己要放松。

毫无悬念，今年的销冠又是李华，领导要求他在年会上分享自己的销售经验。李华一接到通知，就开始精心准备，他先是洋洋洒洒写了几千字的演讲稿，对着镜子反复试讲了五遍。演讲的前一天晚上，他早早就睡下了，他想让明天的自己神采奕奕，而不是挂着两个熊猫眼儿上台。

演讲当天，他提前赶到现场彩排，找准位置，将自己的状态调整到最佳。这一切准备就绪以后，他还主动和到场的几位同事聊天，告诉他们自己接下来会讲什么，有几个地方需要他们配合一下，同事们都欣然同意。上台前，他冲到洗手间洗了把脸，整理了一下衣冠，对着镜子告诉自己："你是最棒的，你一定可以讲得非常好。"李华信心十足地走到台上，给大家分享了自己的销售技巧，一时间掌声不断，演讲获得了大家的一致好评。

上台要如何做才能消除紧张感？

上台后，你可以将听众想象成白菜、萝卜，以降低自己的心理压力。之后将目光放远，不直接看向听众，或者可以看向那些比较和蔼的听众。上台后，你可以先双手叉腰站两分钟，以刺激身体分泌激素，消除紧张感。实在太紧张了就喝口水缓一缓，趁这个时间想想词。还可以带一个你熟悉的道具上台，让它带给你安全感。

小吴进公司一年了。这天，领导要求他在部门会议上做一个年度总结。一听到这个消息，小吴的腿肚子都开始打战。到了演讲的那一天，他艰难地走上台，目光根本不敢落在同事身上，而是望向远处。他想到“身体欺骗法”，于是双手叉腰在台上站了两分钟。没想到这一招还挺好用，他立刻觉得自己自信了。演讲时，他看向远处的墙壁，没有直接看向听众。这样一来，他就轻松了许多。演讲进行到一半时，他突然忘词了，不过他没有表现出很慌张的样子，而是慢慢将手边的水杯端起来，缓缓地喝了一口水。利用这个时间，他快速回忆起演讲内容，然后从容自信地讲了下去。

为了提升自己的安全感，他还将自己平常用的笔记本带上了。最后，小吴顺利完成了此次演讲，尽管存在些许小问题，但远比他想象的好得多。

克服紧张的三大金律

1. 认同自己

学会认同自己，坦诚地说出自己的紧张，也是避免怯场的一种方式。

演讲时，心里感到不安是正常的，完全没有必要引以为耻。

2. 有备无患

演讲之前做好充分的准备，可消除很大一部分紧张情绪，让人更自信，更有底气。试想一下，你已经将演讲稿打磨得很到位了，经过多次修改，你也练习了很多遍，可以顺畅地表达出来，还得到了同伴的赞许，你不仅可以提升自信，成功也是指日可待的。

3. 不消极、不恐惧、不欺骗

吸引力法则告诉我们，当你向宇宙发射出什么样的信号，宇宙就会回馈你什么样的信号，因此，保持乐观心态，不消极、不恐惧、不欺骗，以真诚的态度面对生活，就能引导事情朝好的方向发展。这也告诉我们，当我们的意念都集中在一个点时，一定会形成一股强大的能量，宇宙都会来帮助你。

5 谈判博弈：锚定效应与让步技巧

如果你问我刚踏入职场时最想要掌握什么技能，我会毫不犹豫地告诉你：谈判技巧。会谈判的人，可以在工作中争取到更多的资源和机会，还能在生活中节省下更多的钱财。我们有必要根据自身情况，学习几条实用的谈判技巧，并勤加练习，让它为自己所用。

重新设定锚点，创造新的谈判空间

锚定效应是一种常见的认知偏差，也是心理学中的重要概念之一。它指的是人们在做判断或决策时，容易过度依赖最先获得的初始信息（即“锚点”），并在此基础上进行调整。就像船锚固定后会影响船只的移动范围一样，初始值也会无意识地影响后续的判断，使决策偏离客观标准。

一天，静文去电脑城买电脑，她来到一家看起来很上档次的电脑销售店。店员先给她推荐了一款配置高端，价位也不低的电脑。静文觉得有些超出预算了，便面露难色对店员说：“这款电脑不太适合我，还有其他的吗？”店员指着旁边一台银灰色的电脑说：“这款配置略微低一些，但价格要比刚刚那款便宜2000元，是我们店里销量最高的。”静文心想，相比第一台8000元的电脑，这款6000元的明显实惠多了。

她一激动就准备下单，这时她突然想到锚定效应，没有被店员的价格锚点所影响，而是对店员说自己提前了解过市场，像这样的配置，市面上基本都卖 5000 元左右，他们的价格有点虚高了。

店员一听价格，露出些许难色，后来经过一番拉锯战，静文最终用 5200 元拿下了那台电脑，她没有被商家的定价策略牵着鼻子走。

谈判是一种心理博弈

有的谈判其实拼的就是一个心理。当对方推荐一个高价位套餐时，你不受其影响，重新设定一个锚点，推出一个低价位套餐，留出充足的谈判空间。双方围绕新锚点进行谈判，而不会被对方打乱了节奏。

飞天广告公司最近在和一位大客户谈合作，对方将广告费用压得非常低。因为广告公司是乙方，甲方便觉得自己可以肆意压价。而乙方也不是吃素的，他们的潜在客户也不少，因此谈判时也非常有底气。

正式谈判时，甲方只给出了 10 万元的广告预算，广告公司虽然听了很生气，但没有马上反驳，而是展示了公司过往的成功案例，以及自己在团队上的优势，之后提出 30 万元的广告报价，重新设定了价格锚点。客户虽然感到惊讶，但也没有拂袖而去，而是和广告公司展开了一场价格的拉锯战。广告公司从客户的需求和自身成本出发，一步步调整自己的报价，经过多轮协商，最终以 20 万元的广告费达成了此次合作。这次谈判，广告公司就是倚仗多个备选方案和重新设定锚点，达成了最后的合作。

要掌握谈判中让步和坚持的时机

商业谈判的成功，从某种意义上来说，是双方都做出了让步。只是让步也需要找准时机，有时需要一步让到位，有时需要分段进行。总而言之，要让对方觉得己方的让步是合理的，是非常真诚地对待此次谈判的，同时，要有相应的忍耐力，要学会巧妙的坚持，很多谈判往往在最后一刻才取得成功。在整个过程中，也不用太紧张，正所谓“过犹不及”，从容应对才有更多成功的可能性。

因为原材料采购一事，供应商和采购方进行了一次谈判。供应商一开始的报价是每吨 2000 元，采购方觉得这价格也太高了，根本无法接受，他们能接受的价格是每吨 1500 元。供应商强调了原材料本身成本很高，而且现如今的市场行情就是如此。采购方也坚持不加价，双方就这样陷入了僵局，互不相让。直到后来，供应商坚持不下去了，决定先让步，每吨降 200 元，采购方觉得价格还是有点高，便让供应商再降 200 元。供应商觉得再降下去就没有什么利润了，坚持最多再降 100 元，要不然就谈不下去了。采购方提出再降 50 元，让对方再让一步，供应商表示实在不能再让了。采购方见对方态度坚决，且价格也从一开始的 2000 元降下来不少，决定见好就收。

于是双方最终以每吨 1700 元的价格成交。这次谈判，采购商把握好了节奏，让双方实现了共赢。

谈判中让步的原则和要求

1. 明确让步条件

在对整个谈判形势进行分析以后，谈判者要确定哪些条件一定要坚持，哪些条件可以适当让步。不管怎样，让步的代价一定要比让步所得到的利益要小，这样的让步才是有意义的。

2. 营造一种和谐的商谈气氛

谈判要想获得成功，一定要有和谐的谈判气氛，这样双方才能冷静下来思考，在彼此信赖的基础上做出让步。

3. 确定让步方式

让步没有固定的形式，往往要根据谈判的情况进行调整，通常是多种让步方式组合在一起。

4. 选择好让步时机

让步时机选择得好与坏，和谈判的顺利与否有很大的关系。不到需要的时候，坚决不让步。

5. 确定适当的让步幅度

让步可能是分次进行的，那么幅度一定要适当，一次让步的幅度不要太大，节奏也不要太快。

6 线上沟通：文字背后的情绪管理

在互联网时代，线上沟通已成为人际交往中不可或缺的一部分。然而，屏幕隔开了表情与语气，文字就像一把“双刃剑”，表达得当能传递温暖，稍有差池便可能引发误会。正如马克·吐温曾言：“一句漂亮话之所以漂亮，就在于所说的内容是每个人都想到过的，而所说的方式却是生动的、精妙的、新颖的。”线上沟通同样需要用巧妙的表达，管理情绪，避免冲突。

风趣化解：打破线上沟通僵局

线上交流时，冷场、误解等尴尬情况屡见不鲜。运用风趣幽默的语言，不仅能化解尴尬，还能拉近彼此的距离，为交流营造轻松氛围。

周二下午，同事们在工作群里激烈地讨论项目策划方案。李磊熬了好几个通宵，精心打磨出一份策划方案，满怀期待地分享到群里。可消息发出去许久，群里如死寂一般，没有人回应，李磊盯着手机屏幕，心里七上八下的。

过了好一阵，领导发言：“小李，你这份策划案感觉和咱们最

初的方向不太契合啊。”刹那间，群里的紧张气氛拉满，李磊脑袋“嗡”的一声，手足无措。但他很快镇定下来，在对话框里快速敲下：“看来是我这‘小火箭’偏离轨道啦！多亏领导及时‘导航’，点明问题，让我能找到正确的方向。是我考虑不够周全，我这就梳理思路，结合大家的意见，重新规划，争取下次的方案能一击即中！”

这番话一发出，群里立刻轻松起来，大家纷纷开始给李磊出谋划策，后续讨论也有条不紊地进行。

巧妙引导：消除线上交流误会

线上沟通，由于缺少语气和表情的辅助，文字很容易造成误会。此时，运用巧妙的表达方式，能引导对方理解自己的真实意图，消除误会。

周末，王春结束了一场期待已久的单人旅行。回到家后，他满心欢喜地挑选了几张风景绝美的照片发在朋友圈，还配上一段饱含诗意的文案，分享旅途中的见闻与感悟。没多久，朋友小张就在评论区留言：“怎么就你一个人，都没人陪你啊？”

看到这条评论，王春心里“咯噔”一下，感觉小张似乎在调侃自己形单影只。但他没有生气，而是深吸一口气，思索片刻后，回复道：

“看来我魅力太大，美景都只想和我单独相处呢！一路上，我与山川对话，和溪流做伴，体验超棒。不过下次一定拉上大伙，来一场热热闹闹的集体旅行！”

小张看到回复，意识到自己的评论可能不太妥当，急忙解释道：“哈哈，我就是随口开个玩笑，没想到让你多想啦。你这些照片拍得超棒，把大自然的美展现得淋漓尽致，就跟专业摄影师拍的一样！”

拿捏分寸：营造良好线上氛围

线上沟通，幽默和真诚不可或缺，但也要把握好分寸。一旦越过边界，幽默就可能变成冒犯，引发矛盾。

上周三，公司交流群里开展了一场工作经验分享活动。新同事刘明刚加入公司不久，便鼓起勇气分享了自己处理客户问题时摸索出的小窍门。他原本满心期待得到大家的认可，没想到同事老张直接评论：“这方法也太普通了吧，我早就知道了，你还当宝贝似的分享。”

刘明看到这条评论，心里像被泼了盆冷水，十分委屈。群里的

气氛瞬间凝固，大家都不知道该如何回应。就在这时，另一位同事察觉到了异样，赶紧打圆场："小刘这方法虽说常见，可实用性很强。就好比经典老歌，旋律简单却百听不厌。公司新同事不少，这方法对于他们来说，没准就是打开工作思路的'金钥匙'，能学到不少新东西呢！"

这番话一说完，群里压抑的气氛渐渐消散，大家纷纷附和，又开始围绕客户问题处理技巧，你一言我一语地交流起来，分享活动得以顺利进行。

线上沟通的三大技巧

1. 巧用表情符号

表情符号堪称线上沟通的神奇调味剂，小小一个符号，就能传递千言万语。在回复工作消息时，适时加上"点赞"表情，无须多言，认可之意便清晰传达，还能极大鼓舞同事们的干劲；日常聊天时，发一个"大笑"表情，轻松营造愉快氛围，拉近彼此的距离。不过，表情使用得讲究场合和分寸，要是用错场合，反而会引发误会，适得其反。

2. 善用语气词

语气词是让文字充满温度的秘诀。"呀""呢""吧"这类看似不起眼的语气词，有着神奇魔力，能让表达瞬间变得亲切自然。就拿请求帮忙来说，“这件事麻烦你啦”相较于冷冰冰的“这件事麻烦你”，多了一份真诚与尊重，更容易打动对方。

3. 换位思考

线上沟通时，大家看不见彼此的表情和肢体语言，很容易产生误解。因此，我们要学会站在对方的角度思考，避免以自我为中心。发送消息前，多设想对方会如何解读，仔细斟酌语句，确保表达清晰准确，减少歧义，让沟通更加顺畅高效。

一学就会的说话、回话技巧

★场景一：职场汇报工作

●普通回应：我做这个项目，遇到了一些问题，不过都解决了。

■智慧回应：项目推进时，攻克了［列举具体问题］，通过了［阐述解决方法］，实现了［说明成果］，为团队创造了［量化价值］。

★场景二：与恋人讨论周末安排

●普通回应：周末没啥事儿，就待着呗。

■智慧回应：亲爱的，周末想好好陪你，你有没有什么建议？看场电影或短途旅行，我们一起计划。

★场景三：社交场合与陌生人交流

●普通回应：你是做什么工作的？

■智慧回应：感觉你气质独特，从事的工作应该很不一般吧，能和我分享一下你的职业经历吗？

★场景四：公开演讲忘词时

●普通回应：哎呀，我忘了要说啥了。

■智慧回应：这个话题很有意思，我想组织一下语言，以期给大家呈现得更完美，稍等片刻。

★场景五：商务谈判价格环节

●普通回应：这个价格不能再低了，就这么定了。

●智慧回应：这个价格综合考虑了产品成本、市场行情及为贵方提供的增值服务，从长期合作价值看，极具性价比。

第 2 章

高阶说服：让语言产生影响力

雨果曾说：语言就是力量。语言不仅是用于沟通的工具，它还能改变我们的思维方式和决策。语言很神奇，合适的词汇和句子可以刺激大脑特定区域，悄悄改变我们对事物的看法。优秀的说服技巧，可以打破人们固有的思维模式，为新想法腾出空间，进而改变态度。这种改变影响深远，会留在记忆中，影响我们的行为和决策，最终重塑我们看待世界的方式和处世原则。

1 故事说服：用故事思维打开局面

真正有效的沟通是站在听众的角度去思考问题。只有这样，才能让对方更容易接受你的观点。想让别人接受你的想法，通常有两种方法：一种是理性说服，直接讲道理，另一种是感性叙事，用故事来说明。很多人第一反应是直接讲道理，因为这样简单，但心理学研究表明，通过故事传递观点往往更具说服力。

用故事打动人心

说服他人时，故事往往比硬邦邦的道理更管用。故事能触动大脑的多个区域，让人们沉浸其中。如今是信息爆炸的时代，人们的注意力成了稀缺资源，只有那些有起伏情节的故事，才容易抓住听众的心。故事让人觉得和自己有关，更容易被接受，也更容易说服人。

张攀是公司的行政主管。公司决定调整绩效制度，张攀知道想要员工接受调整的绩效制度，只讲道理不行，要用故事打动大家。于是，他在会议上讲了一个故事。

“我朋友的公司以前业绩很差。”张攀说，“几个月后，奇迹发生了。那些努力肯干的员工，收入明显增加了，还有人因为出色的业绩得到了晋升。我朋友就是其中之一。其他员工看到后，也纷纷开始努力工作。最后，公司整体业绩大幅提升，员工的福利也越来越好。”张攀继续说：“咱们公司调整绩效制度，目的就是让大家在更公平的环境中，通过自己的努力获得更多回报。我知道大家可能有顾虑，但新制度肯定不会让大家吃亏。希望大家能给新制度一个机会，也给自己一个机会。”

听完张攀提到的事例，员工们开始认真思考新制度的好处。

讲故事是有效的说服方式

讲故事是最省钱又最精彩的说服方法。无论是小孩还是大人，都爱听故事。故事能让人边听、边懂、边思考。它就像一面多棱镜，每个讲述者都能折射出独特的光芒，抓住不同人的心。用故事说服人，既轻松又高效。

王老师想让学生明白团队合作有多重要，于是他讲了一个故事。一个炎热的夏天，在一片茂密的森林里，一群蚂蚁正在忙碌地搬运食物，准备过冬。

它们的家是一个巨大的蚁穴，里面住着成千上万只蚂蚁。然而，一场大火突然降临，熊熊烈火迅速蔓延，将整个蚁穴包围。蚂蚁们的家陷入火海，形势危急。蚂蚁们没有乱作一团，而是紧紧抱在一起，变成一个圆球，同心协力滚出火海。外圈的蚂蚁被火烧得厉害，可它们还是咬牙坚持。圆球越滚越远，蚂蚁们一个接着一个地逃了出来，虽然外圈的蚂蚁受了伤，但大部分蚂蚁都活了下来。王老师告诉学生们，只要大家团结起来，就能战胜困难。学生们听完后深受启发，在之后的小组活动中，合作更加积极主动。

理性与故事的力量

理性思维和故事思维各有优势。理性思维能帮助我们清晰分析问题，找到真相。故事思维则用有趣的情节和温暖的情感，把道理讲得活灵活现，让人们听了印象深刻。思考问题时，理性思维能帮助我们厘清思路；说服别人时，故事思维能让我们的观点更有感染力。把理性的道理用故事讲出来，既清晰又动人，说服力自然就上去了。

公司销售团队最近的业绩不理想，经理张峰想帮大家找到新方向。他没有直接批评大家，而是讲了一个有关自己的故事。刚进入销售行业时，张峰的业绩总是上不去。直到有一次，他遇到了一个特别难缠的客户，怎样介绍产品都打动不了对方。后来，他仔细了解客户的需求和问题，为客户量身定制了一套方案，他不仅根据客户的需求调整了产品配置，还用一个生动的故事说明这套方案的好处。结果，张峰用故事中的细节和情感，打动了客户的心。客户不仅爽快地签了单，还主动介绍了好几个新客户给他。"我相信，只要我们用心去了解客户，用心去讲述故事，我们一定能够找到新的方向，突破目前的困境。"张峰最后说道。大家听完后，都积极行动起来，业绩才慢慢好转。

用故事打破沟通的局限

1. 展现真实的自己

别人对我们的印象往往很片面，只看到一些突出的特点。其实，每个人都像一颗多面体水晶，在不同光线下会折射出不同的光彩。这能让你的形象更立体，让别人更真实地了解你。

2. 应对让人纠结的问题

有时候，我们会遇到各种很难回答的问题。这些问题往往来自我们想帮助的人，他们可能因为自尊心而不愿意接受建议。这时，用故事来回应是一个好办法。

3. 打破固有看法

人们常常只愿意接受自己想看到的东西，对不符合自己想法的事实视而不见。直接摆事实可能会让对方更加抵触。讲故事可以引导对方从不同的角度看待问题，帮助他们看到事情的另一面。

4. 委婉表达观点

有些话虽然重要，但直接说出来可能会伤害别人，甚至引发冲突。你可以讲一个与事实相似的故事，用隐喻的方式表达自己的观点。

2 共情说服：如何让对方觉得“你懂我”？

人类具有一种与生俱来的模仿本能。看到别人打哈欠，自己也会跟着打哈欠，这是因为大脑里有“镜像神经元”。这些神经元分布在大脑两个半球，能记录行为模式。它们既让我们能不假思索地做出动作，还能帮助我们理解他人的情绪和意图。这就是我们能模仿和共情的原因。

沟通高手的共情术

会沟通的人总能轻松影响别人，关键在于他们善于倾听。他们不仅说话有条理，更会用情感打动对方，而不是只讲冷冰冰的道理。

林悦是一位经验丰富的心理咨询师，她深知来访者内心的痛苦往往需要被理解和接纳。有一次，她接待了一位焦虑的来访者。对方因为工作压力太大而感到崩溃，抱怨任务太多，领导又太苛刻。林悦没有立刻打断对方，而是静静地倾听，等对方倾诉完，她说：“我明白你现在的难处。以前我也被工作压得喘不过气，天天加班到深夜，整个人就像一台高速运转的机器，那种窒息的压迫感，真的太难受了。”

来访者听完，眼睛湿润了，觉得终于遇到了懂自己的人。

林悦随后耐心地引导来访者，一起梳理问题的根源，逐步制定出切实可行的解决方案。在这个过程中，来访者逐渐放松了紧绷的神经，内心也重新燃起了解决问题的希望。

共情从自我开始

想和别人建立好关系，共情很重要，但先要学会自我共情。很多人常常忽视内心的声音，压抑自己的感受。了解自己的优点和不足，只有感受自己的情绪，才能更好地理解他人。

张鸣最近在工作中犯了一个严重的错误，心情非常沮丧。同事李照察觉到了张鸣的异常，主动找他谈心。

李照说："我知道你现在肯定很内疚，我之前也犯过类似的错误，当时觉得自己特别粗心，特别懊恼。那种感觉真的很难受，就好像一块大石头压在胸口，喘不过气。但我后来发现，犯错后一味地自责没有用，关键是要从错误中学习，只要我们勇敢地面对它，去分析它，就能从中找到解决问题的办法。”张鸣听了这些话，心里舒服了许多，开始向李照倾诉自己的烦恼。李照耐心倾听，并鼓励张鸣振作起来，努力弥补过错。经过这次事件，张鸣不仅成功弥补了过错，还从中学到了很多宝贵的经验。李照通过共情，成功帮助张鸣走出了困境，他们之间的友情更深了。

共情的智慧

共情不只是情绪上的共鸣，它还包含理解和感受。理解他人的情绪能帮助我们更好地适应环境，拉近彼此的距离。但过度代入他人的情绪会让我们感到压力过大，甚至失去情绪平衡。所以，要学会适度共情。我们需要学会控制情绪代入的深度，同时合理疏导负面情绪，这样才能真正发挥共情的力量，既帮助他人，又保护自己。

社区组织了一场以关爱独居老人为主题的志愿者服务活动。王满是其中一名志愿者。他和一位老人聊天时，老人说自己的生活很孤单，因为子女很少回来看他。王满听了十分感慨，想起自己远方的父母，自己也因为工作忙，不能经常回去陪他们。王满眼睛红了，对老人说："爷爷，我懂您的心情。我爸妈也在老家，我工作忙，也没办法常回去，我知道他们肯定也很寂寞。"他又说："您放心，我们会常来看您，陪您聊天。"

老人听了很感动。后来，王满和其他志愿者经常来陪老人，老人脸上的笑容也多了起来。王满用自己的感受去理解老人，和老人建立了深厚的情感。

共情说服三步走

1. 换位思考，找准需求

每个人看待问题都有自己的角度和需求。说服他人时，先站在对方的角度去思考，了解他们真正关心什么。这样不仅能找到说服的切入点，还能让对方感受到被尊重，从而更容易接受你的观点。

2. 构建画面，触动情感

想让对方被你说服，得先打动对方的心。你可以给对方描绘一个画面，让对方在情感上产生共鸣，从而更容易接受你的想法。

3. 用事实说话，情理结合

说服别人不能只讲道理，还得用事实说话。从对方的实际想法出发，找一些具体的例子，用真诚的态度分析利弊。这样既能打动对方，又能说服对方，效果肯定比空讲大道理要好得多。

3 数据陷阱：用统计包装观点的艺术与伦理

我们正生活在一个被数字定义的时代，看、听、想的事情都离不开数字。我们每天都在用数据，也在制造数据。数据越来越重要，它不仅能够帮助我们更好地理解世界，还能在说服他人时发挥出意想不到的作用。

数据的说服力

数据很实用，它能清楚地告诉我们有多少东西，还能让事情看起来更真实。用数据说服他人，效果很好。因为数据是实实在在计算出来的，而语言往往带有主观性。数据的客观性，使其成为说服他人时比语言更有力的工具。

赵菲儿是一位房产经纪人，客户对一套房子的价格不太满意，觉得太贵了。赵菲儿赶紧拿出资料，开始介绍房子的优势。她先说，这房子的位置特别好，周边有3所学校，从幼儿园到中学都有，孩子上学很方便。而且，附近还有2个大超市，买东西特别方便。接着，赵菲儿拿出数据说，在过去5年，这地方的房价每年平均涨幅8%，比其他地方涨得快多了。

客户一听这些数据，觉得房子不仅住着方便，还有很大的升值空间，原本的顾虑一下子打消了，觉得这房子性价比很高，最后决定买下来。赵菲儿用数据说服了客户，让客户看到了房子的真正价值，最终促成了这单交易。

数据的说服力

心理学研究发现，有效的说服不仅依赖于语言表达，更要看能不能满足对方的心理需求。仅会说话不行，还要用数据说话，这样更有说服力。数据就像给说服的理由加了调味料，能让对方更容易接受你的观点，效果往往出人意料。

杨柳是一位健身教练，他热情地接待了李女士。李女士对减脂课程很感兴趣，但又担心效果不好。

杨柳拿出平板电脑，给李女士看了一些数据，说："我们学员的减脂效果挺好的。每周能减重 0.5 千克 ~0.8 千克，体脂率每周能下降

0.5%~1%。您坚持 3 个月，大概能减重 8 千克 ~10 千克，体脂率能降到 23%~25%。”他还补充道：“锻炼后，肌肉会增加，基础代谢率也会提高，这样您平时就能多消耗热量。”

李女士听了这些话，原本的疑虑渐渐消散。她觉得这些数据很具体，心里也踏实了许多。最后，李女士报名参加减脂课程。杨柳明白，用数据说话，能让客户更清楚地看到效果，从而打消客户的顾虑。

数据的魅力

在销售和沟通中，数据很重要。销售大师乔·吉拉德说过，数据很真实、很客观，能帮我们看清楚销售做得好不好。做市场调研的时候，或者给客户介绍产品，数据都能帮上忙。不过，数据也有讲究。只有准确、精准的数据，才能让人信服。如果能用小数点后两位的数字，就别用整数；如果能用精确的数字，就别用模糊的数字。

陈先生想买一台节能型空调。销售员张强接待他时，只说了一句“这一款空调节能效果很好”。陈先生觉得这种说法太模糊，不太满意，表情十分冷淡。

张强很快察觉到陈先生的反应，马上从包里拿出产品资料，指着数据说："陈先生，您看，权威机构检测过，这一款空调每小时耗电 0.85 度，比同类产品节能 32.67%。"他又算了一笔账："按您家每天使用 8 小时来计算，一个月能节省 67 度电，电费能省 40 多块钱。长期使用，能省不少钱呢。"

听到这些具体数据，陈先生原本冷淡的表情缓和下来，认真听完后点头说："数据这么清楚，节能效果确实不错。"最终，陈先生当场下单买了空调。张强明白，销售中，精确的数据既可以说服客户，也能让交易顺利达成。

数据说服的要点

1. 数据要真实

数据不能夸大或编造。虚假数据一旦被识破，会让对方对你失去信任，所有的努力都白费。同时，数据要保持更新，因为很多数据都会随时间变化。

2. 来源要可靠

数据最好来自权威机构或专家，因为人们更信任权威的意见。如果不确定数据来源，可以用“您可能知道”这种方式表达，让对方觉得这是常识，从而更容易接受。

3. 选取对象要精准

数据要与说服目的紧密相关，否则不仅无效，还可能让人误解。同类数据不要堆砌太多，选择一组最有说服力的即可。这样既能突出重点，又能避免让人反感。

4. 运用要灵活

使用数据时，不能只是简单罗列，要结合有逻辑的解释。数据是用来证明优势的，如果只是生硬地堆砌，客户可能会觉得你在故弄玄虚，反而起不到效果。

5. 时机要恰当

要让数据发挥最大作用，就要在合适的时机使用。例如客户质疑产品质量时，可以用准确的数据来证明产品的优势。

4 隐喻的力量：把抽象概念变成画面感

隐喻沟通就是用讲故事或打比方的方式，把重要信息隐藏起来。这样能让对方在轻松的场景里自己领悟，避免直接冲突带来的抵触。古希腊语中，隐喻的意思就是转换。善于用隐喻的人更有包容心，能让沟通更顺畅。

隐喻的力量

只靠讲道理很难让别人信服，但讲故事就不一样。你可以讲一个类似的故事，让对方身临其境，先接受故事中的内容，再从中明白道理。最后，把故事和现实联系起来，让对方自己说服自己，这就是隐喻，一种很巧妙的沟通方式。

公司准备开拓新业务，团队成员张凡却有些犹豫。他担心新业务投入大、风险高，最终一无所获。主管林殊察觉后，用航海探险做比喻，他解释道："航海前，船员们要花很多时间研究航线、准备物资。虽然很麻烦，但这些准备能让船在航行中更安全。"

张凡点点头，林殊接着说："我们这次的新业务也一样。前期的调研和策划虽然不会马上看到效果，但这是在为成功打基础。航海会遇到风浪，新业务也会遇到困难，只要做好充足的准备，就能克服挑战。我们团队过去就凭借充分的准备成功开拓过类似项目。那次我们也是前期做了大量工作，虽然过程不容易，但最后成果很不错。”

听完这番话，张凡的顾虑消散，他明白了要着眼长远，随后积极投入新业务的筹备工作中。林殊通过隐喻化解了团队成员的顾虑，推动项目顺利开展。

隐喻的智慧

隐喻如同一个默契的暗号，懂的人自然心领神会，面对不懂的人你也无须刻意解释。如果对方没有明白，你就一笑而过；如果对方领悟了，你就相视而笑。这其实是在考验我们能不能把学到的东西灵活运用。会用隐喻的人，往往能用最简单的几句话，把事情说得明明白白，让人印象深刻。

阿辉是公司创意部门的负责人。最近，团队被一个重要项目卡住了，怎样也找不到方向，士气也有些低落，于是阿辉想了个办法来鼓励大家。

阿辉把团队成员召集起来，笑着说："咱们现在做项目，就像从山脚下准备爬山。看着那些弯弯曲曲的小路，是不是觉得特别迷茫？方向也不太清楚。但爬山的时候，只要朝着山顶的方向，一步步走，哪怕走一些弯路也没关系，最后总能到达山顶。咱们做项目也一样，别被眼前的困难吓倒，先把小任务做好，慢慢就能找到方向。"

团队里有人瞬间明白了，点头表示赞同，也有人还在琢磨，阿辉没有多说。之后，大家开始工作，气氛明显活跃起来。那些听懂的成员还主动和其他人交流想法。慢慢地，项目有了新的进展。

隐喻的力量：连接感情与简化复杂

人们天生对故事和情感特别敏感。隐喻就像一座神奇的桥梁，把抽象的概念和我们的生活经历、情感体验紧密相连，让人感同身受。它能将复杂的理论变成一个简单易懂的画面，或者把陌生的观点与我们熟悉的情感相联系，让我们更容易接受和理解。它不仅能帮助我们快速抓住重点，还能激发我们内心深处的情感共鸣，帮助我们更快理解新观点。

为了让大家明白保护野生动物的重要性，环保组织想了一个简单易懂的办法。他们告诉大家，野生动物对地球生态系统来说非常重要，每一种动物都有自己独特的作用，就像拼图里的一块，少了它，整个画面就不完整了。如果某种动物灭绝了，生态系统也会不完整，环境就会受到影响。

他们还特别提到了穿山甲。穿山甲在生态系统中是个“小能手”，它能控制白蚁的数量，保护森林健康。可是现在，因为有人非法捕猎，穿山甲的数量越来越少。如果不赶紧保护它们，地球的生态系统就会失去平衡，我们也会失去美丽的大自然。

这种方法就是隐喻，它让很多人一下子就明白了保护野生动物有多重要。大家都表示要支持环保行动，为保护野生动物出一份力。

提升隐喻能力三步走

第一步：多收集素材

隐喻的运用，离不开丰富的素材积累。平日里，可以多阅读经典的寓言故事、成语典故，或者听长辈们讲述充满智慧的民间传说。就像“刻舟求剑”，它不仅仅是一个简单的故事，更提醒我们看待事物要懂得变通，不能拘泥于固定思维；“铁杵磨成针”的故事，让我们领悟坚持的力量，只要有决心和毅力，再困难的事也能成功。将这些蕴含哲理的故事铭记于心，它们就会成为你隐喻素材库中的宝藏，用的时候就能信手拈来。

第二步：找找生活里的相似点

拥有素材后，关键是学会将它们与现实生活紧密相连。当看到朋友在工作中遭遇挫折，陷入低谷时，你可以用“凤凰涅槃”来鼓励他，让他明白只有经历磨难，才能获得重生与辉煌；当自己在学习中遇到难题，感到

迷茫时，想想“积土成山”，认识到知识的积累如同堆积土石，每一步都至关重要，只要坚持不懈，终能攀登高峰。日常生活中，多使用“这就好比……”“打个比方……”这样的表达方式，不断挖掘生活与素材间的相似点，让思维更加敏捷灵活。

第三步：大胆说，多练习

仅仅了解隐喻的理论知识远远不够，还需要大胆地在实际表达中运用。这就如同学习骑自行车，若只是在一旁观看，而不亲自上车练习，永远无法掌握平衡。同样，使用隐喻时不要害怕犯错，抓住每一个表达的机会，无论是日常交流、写作还是演讲，都积极尝试融入隐喻。通过不断的练习，你会越来越熟练，隐喻也将成为你表达想法、传递情感的得力工具，帮助你在沟通交流中脱颖而出。

一学就会的说话、回话技巧

★场景一：分享产品

●普通回应：这东西特别棒，你买了肯定没错！

■智慧回应：我之前和你的情况特别像，也犹豫了很久。用了这个产品后，我发现它真的帮了我大忙，如［具体描述效果］，我感觉轻松多了。你试试，可能会有同样的惊喜哦！

★场景二：劝说家人

●普通回应：你这样不对，赶紧改！

■智慧回应：我明白你一直是为了我们好，为我们能养成这个习惯，你可能已经坚持很久了。不过我最近发现，在［具体方面］，这个习惯可能会影响我们的身体健康。要不咱们试试［提出建议］，说不定你会有意外收获。

★场景三：阐述方案

●普通回应：我的方案肯定可以，大家按照我说的做。

■智慧回应：我花了不少时间研究这个问题，我发现这个新方案可能会帮到我们。我查了一些数据，也对比了现状，觉得它能解决［具体问题］。咱们一起试试，说不定能达到更好的效果，大家觉得怎么样？

★场景四：解释概念

●普通回应：这个概念很复杂，等你长大自然就懂了。

■智慧回应：宝贝，这个东西有点像我们玩游戏，每一步都很关键。就像你把积木一块块搭起来，每一块积木都有用。例如［简单类比］，是不是更容易理解啦？

★场景五：沟通分歧

●普通回应：我觉得你的想法不行，还是听我的吧！

■智慧回应：我理解你的想法，你在［肯定部分］确实很有经验。不过从项目的整体目标来看，我觉得我的方案在［阐述优势］方面可能更适合。我们可以一起再讨论一下，说不定能找到更好的办法！

第 3 章

回话的基础：先听懂，再回应

回话并非简单的有问必答，前提是要听懂对方的真实意图。许多时候，我们急于表达，却忽略了倾听的重要性。深度倾听，学会反射性反馈，才能理解话语背后的深意；识别对方情绪雷达，只有捕捉潜台词，沟通才能更深入；巧妙追问，打消对方顾虑，获取更多信息；懂得适时沉默，有时比滔滔不绝更有效；面对模糊回应，也要有应对之策；大脑空白时，还要有缓冲话术救场。

1 深度倾听：从“敷衍点头”到“反射性反馈”

深度倾听是站在对方的角度，仔细鉴别语言背后所隐藏的潜在需求，让对方感觉到自己是被理解的。深度倾听旨在叩开对方的心门，这就要求我们在倾听的过程中，充分调动五感，尽可能接收到更多信息，并对接收到的信息进行加工、处理。

倾听的基本要求

倾听者要尽可能站在对方的角度考虑问题，不要用自己的标准来评判对方，只给予对方理解，向对方表达自己的真诚，给对方提供温暖的情绪，这样你才能赢得对方的尊重，让对方愿意为你敞开心扉。

苏拉是一家公司的销售经理。这天，她约了一个重要客户见面，要和对方来一场深度沟通，以达成合作意向。刚一见面，客户便开始叫苦不迭，说之前的合作方的产品虽然初始价格不高，可是后期维护成本太高了，且更新速度总是慢半拍，导致自身业务发展受到了很大的限制。在这个过程中，苏拉始终保持身体略微前倾的姿势，真诚地看着对方，认真倾听，时不时点头，还小声回应：“我明白，然后呢？”客户的苦水倒完以后，苏拉开始有条不紊地总结：“您现在的顾虑是，怕我们的产品后期维护成本和您先前合作过的公司一样，也会出现维护成本太高的问题，导致您的运营利润受损，并希望我们的产品更新速度能快一些，最起码要和业务发展相匹配。”

客户听了连连点头，他没有想到苏拉竟然如此理解自己的担忧。正是因为苏拉的深度倾听，客户才放下顾虑，愿意和她签约。

倾听最重要的态度是什么？

在倾听他人讲话时，最重要的态度就是站在对方的立场，真正想对方之所想。不要用自己的价值观来判断对方的对错，而只是认真倾听，边倾听边点头附和，简要地复述对方的观点即可。

浩杰和可欣同在一家广告公司工作，浩杰是设计师，可欣负责撰写文案。这天，因为一个广告文案，双方出现了分歧。浩杰觉得可欣的文案完全不符合自己的设计风格，可欣却认为浩杰的设计根本没有将文案特色显现出来。这时，部门主管小蒙站出来了。她让浩杰先说。

浩杰一脸不悦地说："我的设计风格大气新颖，可是这文案太陈旧了，二者根本融合不了。"小蒙认真听完，并附和道："是的，我理解，你是个对风格有着自己坚持的人，听上去的确不太好。"

可欣一脸激动地说："我的文案和产品卖点息息相关，是设计没有将精髓体现出来。"小蒙听完后说："看得出来，你对文案真的用心了，是你们两人的沟通出现了问题。"之后，小蒙简单复述了两人的诉求，二人情绪慢慢平复下来。重新沟通后，方案才得以顺利推进。

深度倾听是对讲话人的极大尊重

在与人交流时，我们会本能地输出自己的观点，即便对方并没有询问我们的意见。其实，当对方说话时，我们只需要保持认真倾听的态度就好，不要用你的价值观来影响对方。一个懂得深度倾听的人，不仅能听明白对方说了什么，还能听懂对方的言外之意，对其做到真正的理解。他所关注的不仅是对方所讲的话，也关注讲这些话的人。

在一次部门召开的例行会议上，主管要求大家头脑风暴，提出更新颖的项目创意。高明身先士卒，说自己准备设计一款专门针对年轻受众的线上学习 App。他的话音刚落，就遭到同事们的质疑。有人觉得市场竞争太激烈了，有人担心技术研发难，高明一下子像霜打的茄子一样，丧失了信心。就在这时，主管王临认真说道："小高，我看得出，你是仔细考察过这个市场的，知道当下年轻人有非常迫切的在线学习需求。尽管项目本身存在风险，可是潜在收益也是值得期待的。我们不能一看到眼前的困难就退缩了，要想办法攻克难关，将它从理想变为现实。"王临的倾听和理解，让高明一下子又有了信心。大家也转变态度，围绕这一创意展开讨论，一起完善各个细节。最终项目得以正式上线，为公司带来了可观的利润，高明也因此在公司平步青云。

深度倾听的三大步骤

1. 接收信息

在这个步骤中，我们要先摒除自己的思想，做好倾听的准备。首先，在接收对方的信息时，不要将自己的判断先抛出来，这是最根本的一条。其次，要真诚、友善地接收对方的信息，保持专注的倾听态度。最后，用包容的心态接受对方的表达，不管对方说的对与错。

2. 有所回应

当对方在讲述时，首先我们要保持良好的倾听姿态，比如身体微微前倾、看着对方的眼睛、微笑点头等。其次，还要进行简单的回应，比如“哦，原来如此！”等。再次，充分尊重对方，鼓励对方说出内心最真实的想法。

3. 复述总结

在这一阶段，我们要将自己所理解的内容简单总结一下，并向对方确认，以保证自己的理解没有偏差，和对方产生共鸣。在倾听中，确认是非常重要的一环，可以增强彼此的了解和理解。

2 情绪雷达：如何识别对方没说出口的潜台词？

潜台词是言外之意的意思，即隐藏于字面之后的意义，即规约背后的意义。和它有关的如声音、修辞、句法、表情等。潜台词可以用话外音来表达，也可以用声音、语气来表达，像重音、停顿、语调、语气、音高、音质等。

聪明人的表达方式

聪明人在抒发自己的思想感情时，通常不会开门见山地说，而是会采用一种比较隐晦的方式。特别是当他人犯下错误时，聪明人往往不会直截了当地挑明，而是会委婉地告知对方。

在公司召开的一次例行会议上，各部门都按部就班地汇报完本部门的工作后，公司老总进行了总结。在提到公司近期业绩有所下降时，他有意无意地看向市场部负责人，那眼神意味深长，说话的语气也暗含深意：“如今市场竞争环境越来越残酷，有些部门不能总是原地踏步，得推陈出新才行，要不然很容易被淘汰啊！”市场部负责人瞬间明白老总说话的深意，这是在暗示市场部的工作没有新意，才导致公司整体业绩下滑。会后，他第一时间找到老总，向他汇报了市场部接下来的创新计划，包括线上渠道的积极拓展、举办创意促销活动等，并承诺不出一个月，一定会让公司业绩回暖，老总听后非常满意。

在今后的工作中，市场部也果真像部门负责人所承诺的那样，积极推行创新方案，公司业绩有所好转，所占的市场份额也有所提升。

学会听懂潜台词

一个能听出话外音的人，才是真正聪明的人，也只有能听出对方的言外之意、弦外之音的人，才能顺畅地实现沟通的目的。充分了解说话人的心理后再开口，更容易达到你想要的效果。听懂潜台词，让自己在交谈中占据先机。

小张和小李合作的项目完成以后，并没有达到预期的效果，领导很不满意。这天一上班，领导就把他俩叫到办公室，领导眉头紧皱，严肃地问他们："这个项目有些地方确实做得不尽人意，大家也都是能力突出的人，为什么没有达到我们想要的效果呢？"小张没有听懂领导的言外之意，立刻开始手忙脚乱地解释，什么合作方不好好配合、时间紧、任务重等。

而小李却敏锐地发现，领导这是在暗示他们工作态度或方法有问题，不能找客观原因。于是，他先是诚恳地道歉：“领导，这次项目没有完成好，责任主要在我，是我没有好好规划，沟通方面也有问题。我回去一定好好复盘，制定整改措施。”领导很满意小李的态度，之后有重大项目也更愿意让他来负责。小李也没有辜负领导的期望，出色地完成了多个项目。

听话听音的重要性

俗话说：“听话听音。”听音，指听别人说话时，要仔细揣摩对方的言外之意。透过字面意思去理解它背后的深层含义，才是我们听话的重点。特别是在职场上，学会听懂上司的弦外之音，不仅说明你是一个成熟的职场人，也表明你有比较强的工作能力，更容易在职场上得到重用。而听不懂他人弦外之音的人，往往会让他人对你敬而远之。

从前，小丁在向直属上司汇报工作时，会将项目执行过程中的每一个细节都阐述到位，花费了大量时间不说，领导听完也是云里雾里的，根本不知道他说的重点是什么，这样的汇报对今后的工作怎会有什么指导意义。领导忍不住开口道："小丁啊，你汇报的确实挺详细，可是我总觉得漏掉了什么。"一开始，小丁还很疑惑，直到后来，他回去复盘后才发现，领导其实是想说自己的汇报缺乏重点，没有有效的分析。到了下次汇报的时候，小丁重点汇报了项目所取得的成果，以及核心问题是如何解决的。此外，他还提交了相关数据，比如项目成本比上期下降了多少，市场占有率提升了多少等。他的这次汇报赢得了领导的认可，领导不停地点头，还在团队中对他大力表扬。

小丁也因此获得了更多内部晋升的机会，在之后的工作中多次成为重要项目的负责人。

识别对方潜台词有妙招

1. 注意关键词

某些词汇可能暗含潜在的需求或想法，比如"从来""一直"等，可能暗含对方对某种情况的不满。

2. 注意语气和语调

同样一句话，用不同的语气或语调说出来，意义可能就发生了变化。

3. 分析话语的逻辑

有时，对方语言中的逻辑关系可以彰显其内心的潜台词。

4. 留意面部表情

面部表情可直接反映出对方的情绪，比如皱眉，可能是疑惑或担心的意思。

5. 注意观察肢体动作

身体语言所传达出来的信息也是非常丰富的。

6. 留心声音特点

声音的大小、语速也可以传递潜台词。

7. 了解对方的个性

如果对方个性直爽，可能表达想法更直接。

8. 留意当时的场景

在理解潜台词时，所处环境和当时的氛围具有非常重要的意义。

9. 了解双方的关系

双方关系的亲疏远近会直接影响对方潜台词的含义。

3 追问技术：巧用追问打消对方顾虑

顾虑心理有哪些表现？

顾虑是一种因担心不利于自己、他人的事情发生，而一直下不了决心，或不敢遵照本心行动的心理状态。顾虑无处不在，有的人在和他人产生交集时，会产生疑虑：他可不可靠？当别人提议让此人做某件事时，又会担忧：会不会失败？这些犹豫不决的表现，都是顾虑心理的典型体现。

立足于现象，持续追问原因

在使用“为什么金字塔”分析法时，首先要抓住表面现象。之后从这一现象开始往下层层追问，经过持续深挖，一步步找到事情的核心。这种抽丝剥茧式的追问，就像剥洋葱一样，越往里剥，越能发现事物的本质。

街边拐角处有一家餐厅，一直以来生意都非常好，可是最近顾客越来越少，老板看在眼里，急在心中。他先是找到服务员询问：“为什么最近客人这么少？”服务员有些迟疑地说：“客人说现在的菜品不如以前了。”

老板继续问：“菜品不如以前？究竟是味道没有之前好了，还是食材有问题？”服务员摇摇头，表示不知道。老板又去问厨师，厨师答：“最近食材供应商换了一部分，新食材的品质可能还没有稳定下来，所以影响了菜品。”老板接着问：“好好的供应商为什么要换？”采购经理解释道：“之前的供应商忽然涨价，而新供应商价格要低得多，可在极大程度上降低成本。”通过一步步追问，老板终于找到了问题的源头。他对供应商进行了新一轮评定，对菜品也进行了调整，餐厅生意又恢复到从前。

注意追问节奏，避免给对方压力

在追问过程中，一定要把握好节奏。假如一下子抛出许多问题，会让被追问者紧张甚至想要逃避，从而难以获得更多信息。在商务谈判中更是如此，如果一方步步紧逼，不断追问，对方可能会觉得自己不被信任，导致双方交流受阻。

这天，文宣给客户介绍了一款新软件，她眉飞色舞地说了半天，可是客户一脸迟疑，只是模棱两可地说“会考虑考虑”。文宣没有继续介绍下去，而是转身询问：“您说的考虑，是不认可软件，还是觉得价格太高？”

客户坦诚地回答道：“我害怕软件操作起来太复杂，给员工培训要花大量的费用，还会对当前的工作效率产生影响。”文宣继续问：“您是担心操作界面不太好，还是觉得功能模块设计有待改进，才导致操作复杂？”客户又提出一些自己的顾虑，比如功能菜单不好找等。文宣给客户详细介绍了软件的操作培训计划，以及简洁明了的功能设计，还将简化后的操作流程演示给客户看。客户终于舒展了眉头，最后下了订购单，还将这款软件推荐给其他企业。

综合分析多个“为什么”

当经过反复追问得到很多答案以后，要系统地分析这些答案，而不要将它们看作单独的个体。比如一家企业产品销量下降，原因可能是多方面的，如市场竞争激烈、产品宣传力度不够、产品功能达不到某些用户的需求等。通过对这些原因进行综合分析，发现产品销量下降其实源于多种因素，而不是某一个因素，进而制定出既有效又有针对性的解决方案。

立峰所在的团队准备开发一款新游戏，可是在讨论游戏风格时，团队成员之间出现了分歧。这时负责人站出来问：“大家之所以存在分歧，究竟是因为没有精准定位用户，还是在判断市场流行趋势时有不同意见？”经过探讨，大家一致认为是难以把握目标用户的需求。负责人接着问：“那这一点要归因于前期市场调研不够细致，还是分析方法不对？”又经过一系列讨论后发现，是在选取调查样本时不够全面，只调查了某一个年龄段和地区的游戏玩家，有以偏概全的嫌疑。于是，负责人当场拍板，制定了新的市场调研计划，将样本范围尽可能扩大，对目标用户的喜好进行精准把握，最终确定了冒险和策略相结合的游戏风格。新游戏一上线，就得到玩家的一致好评，一跃成为公司当年的销冠产品。

如何采用追问技术打消对方顾虑？

1. 开场暖身，打造安全氛围

用共情的方式开启对话，让对方觉得自己是被理解的。同时要保证交流是绝对保密的，让对方更愿意敞开心扉。

2. 渐进式追问，逐步剖析顾虑

先问宽泛性问题，然后探究细节，最后深挖对方隐藏的核心需求。

3. 假设性追问，引导理性思考

可以正向假设，给对方展示消除顾虑后的美好画面。也可以从反面假设，让对方意识到如果维持现状也许会产生不良后果。

4. 关联追问，凭借权威与经验

引用成功案例进行追问，可增强己方的说服力，也可以引用专家意见，引导客户正视自己的顾虑是否合理，同时有针对性地解决具体的疑问。

5. 反馈式追问，确保化解顾虑

在一系列追问结束后，对交流内容进行总结，保证在理解上没有出现偏差，并再次询问对方的顾虑是否消除，从而推进下一步沟通。

4 沉默的杀伤力：何时闭嘴比说话更有效？

“古德曼定律”告诉我们，沉默是沟通的前提，沉默可对说话和听讲的节奏进行调节。在谈话中，沉默所发挥的作用等同于数学中零的意义。虽然它只是零，可是其重要性不容小觑，不可或缺。一切交流的进行，都少不了沉默的参与。

沉默的力量

在双方交流过程中，适当的沉默可给对方带来平和、舒适感，让对方在更畅快的氛围中说出自己的观点，表达自己的想法，进而让沟通变得更有效。很多时候，沉默比说话更有力量。

在公司高层领导会议上，各位董事就公司下一步的发展战略进行讨论，最后出现两种不同意见：一方认为要大力开拓海外市场，为公司赢得更大的发展空间；另一方认为要在国内市场深耕，先打牢根基，再想扩张的事。

老高一直沉默，安静地聆听各方的观点和理由，并在心里默默分析两种不同方案的好与坏。待大家的情绪都平复以后，他才缓缓开口：

“我觉得大家说得都对，分析得也很到位，那我们能不能综合一下这两种方案的优势呢？先在国内重点城市打牢根基，占据更多市场份额，同时组建海外业务筹备小组，等时机一到，就立刻进军海外市场。”大家听后都陷入了沉思，之后爆发出雷鸣般的掌声，觉得老高总结得太到位了。老高的沉默，让他综合吸收了各方意见，最终提出大家都认可的方案，从而推动公司战略决策的顺利实施。

此时无声胜有声

不管是在生活还是在工作中，沉默很多时候都比争辩更有力量。适当的沉默如同得体的语言，也是一种高明的语言艺术。如果说话时机未到，不如保持沉默，不失为一种更好的选择，更容易达到你想要的效果。

曼曼约朋友周末一起出去活动，可是朋友一直拿不定主意。曼曼并没有催促，而是在沉默了片刻后小声询问道：“你把你的顾虑说出来，我们一起讨论解决。”

朋友这才说她看了天气预报，周末可能会下雨，如果去郊外也许会受影响。曼曼说：“原来你是担心这个啊，没关系，我们可以制定两套方案，到时视天气情况而定。”朋友这才笑逐颜开，表示她很想去郊外野餐。两人经过商议，最后准备了两套方案。如果天气晴朗，她们就去郊外野餐，如果天气不太好，就改为去室内看艺术展览。不管选择哪一种，两个人都很开心。就是因为曼曼懂得适时的沉默，给了朋友充分表达的空间，才能让活动安排得如此合理，让双方都满意。两个人开心地过了一个周末，也让彼此的友情更深了。

沉默是金

不管是在商业谈判中，还是在生活中，我们都要遵循这种“适时保持沉默”的原则。俗话说“言多必失”“君子三缄其口”。我们要训练自己缄口不言的本事，该沉默时就一定要保持沉默。懂得沉默的人，通常可以在沟通中占据主导地位，把握整场交流的节奏，赢得对方的信赖，从而顺利达成沟通的目的，这就是“无声胜有声”的力量。

甲乙双方正在进行一场谈判，一开始，甲方就提出了非常严苛的合作条件，要求乙方将产品价格压至最低，而且要增加售后服务的项目。乙方一听都气炸了，个个都想站起来大力反驳。可是乙方的负责人却淡定自若，只是做了个让大家保持安静的手势，并没有发言。在这短暂的沉默中，甲方开始感到不安，开始主动向乙方解释他们提出的条件是多么合理，如今市场竞争太激烈了，自身也没多少盈利空间了。乙方负责人立刻找准机会，不急不缓地提出己方的观点，比如在一个什么样的价格区间内自己是可以接受的，以及售后服务如何改进等。经过反复多次的协商，对方终于做出了让步，达成了对双方都有利的合作协议。

负责人采用的沉默招数，让自己在整场谈判中掌握主动权，把握了整场谈判的节奏，让公司的利益最大化。

采用沉默沟通术的三种情境

1. 避免损失的沉默情境

你已经对对方的心理了如指掌，明白他给你设下的“埋伏”，不管你怎样选择，都会让自己利益受损，这时不如选择沉默，让对方不知你葫芦里卖的是什么药，反而有利于问题的解决。你不出招，对方自然不敢随便动作，问题可能就在这个时候解决了。

2. 保留观点的沉默情境

当问题错综复杂，需要你对各方关系进行权衡时，保持沉默，反而能够提高事情解决的可能性。

3. 有效沟通的沉默情境

为了让沟通变得有效，可以适当选择沉默。在明了事情真相以后，选择沉默，只给予暗示，可有效避免冲突，让对方有时间静下心来思考，更利于对方做出正确的选择。巧妙的沉默所带来的效果要远远好于直截了当的批评，巧妙的暗示则可以让沟通变得更为有效。

5 应对模糊回应：当别人说“随便”时你怎么办？

当对方的回应较模糊时，我们要如何破解这个难题？不妨先判断场景。如果是选餐，可以给对方几个具体的选项，方便对方挑选；如果是讨论计划，可以用开放式问题引导对方，比如“你期待这次活动办成什么样？”以了解其喜好，从而达到沟通的目的。

提供有限选项，引导对方明确想法

当对方用“随便”回应你时，你要给对方提供有限的选项，帮助对方将模糊的选择清晰化。通过这种方式，既可以避免因为“随便”而让对话走入死局，又可以让对方加入决策中，早一步确定最终选项。

小宁和小宇是一对情侣。这天，两人约好一起吃晚餐，可是小宁想了半天，也拿不定主意吃什么，吃火锅吧，觉得辣；吃快餐吧，觉得不营养；吃寿司吧，又觉得清淡，于是说“随便”。

小宇也没恼，而是问小宁：“吃火锅过瘾，吃寿司清凉，你更倾向于哪一个？”小宁迟疑了一下，选了火锅。小宇继续问：“那你更倾向于麻辣锅底还是清汤锅底？”小宁毫不犹豫地选择了麻辣锅底。小宇接着问：“是去我们常去的火锅店，还是去一家新开的火锅店？常去的火锅店的好处是味道稳定，环境也熟悉，新开的店呢，可以尝鲜。”小宁犹豫了一下，选择了新店。就这样，小宇通过一步步地追问，给小宁提供有限的选项，最后帮小宁解决了“随便”的难题。到了新店，两人吃着美味的火锅，气氛格外甜蜜，共同度过了一段愉悦的时光。

询问对方偏好，缩小选择范围

当对方给出模糊的回答时，直接询问对方的喜好是非常有效的策略。比如在选餐厅时，如果对方给出的答案是吃中餐，这个答案范围太大了，你就可以询问对方，是喜欢川菜的麻辣，还是喜欢粤菜的清淡，从而一步步定位到对方心仪的餐厅。

董清所在的部门最近刚完成一个大项目，负责人决定组织一次团建，让大家放松一下。可是在确定团建地点时，大家的意见产生了分歧，有人甚至直接说“随便”。

负责人见状不妙，便耐心地问：“大家工作都很累，是愿意找个放松休闲的农家乐，过一过世外桃源的生活，还是愿意体验惊险刺激的项目，释放一下工作的压力？”大家一致同意去放松休闲的农家乐。负责人继续问道：“如果选农家乐的话，大家是更愿意采摘蔬果，还是更愿意去垂钓？”经过商议，大家一致决定去采摘蔬菜瓜果。最后团建地点定在离公司不远的一家农家乐，那里有新鲜的蔬菜和水果，大家可以自己去采摘。团建当天，大家玩得很开心，还吃到了很多美食，活动进行得十分顺利，大家都为这次团建的安排拍手叫好。

用假设性问题，试探对方意向

假设性问题可以给对方提供一个虚拟的场景，让大家想象在那个场景中，自己会作何反应，进而暴露真实想法。比如在挑选旅游目的地时，可以假设在海边城市漫步，享受沙滩和海浪的拥抱，还可以假设去古城畅游，尽享古老文化的魅力。这两种假设构建了两种不同的旅游场景，引导对方自行对比，觉察出自己的意向，给后续的旅游规划行程提供线索。

周五的晚上，几个同事相约一起去歌厅唱歌。到了歌厅，大伟询问大家点什么歌，有人说随便。大伟立刻追问道：“是选择经典老歌，唤起从前的回忆，还是选择当下流行的歌曲，赶一赶潮流？”有人大声回复说“流行歌曲”。大伟继续问道：“流行歌曲又分很多种：抒情的，可以让大家都沉醉在美妙的旋律中；动感的，可以让现场气氛嗨起来，大家更倾向于哪一种？”这次大家意见很统一，都说选动感的。大伟追问道：“那是选国内歌手比较好，还是选国外歌手更好？国内歌手的作品和我们的生活更贴近，国外歌手的作品风格更多元化。”通过这样持续性地一步步引导，大家终于将歌曲清单定了下来。聚会唱歌环节，大家都在动感节奏的带动下，翩翩起舞，气氛几度达到高潮，大家都非常高兴能来参加这次聚会。

灵活应对喜欢说“随便”的人

1. 了解对方的目的和需求

当对方说“随便”时，我们要试着从背景出发，试着了解对方的真实需求。比如大家在一起讨论聚会地点时，如果对方说“随便”，你可以问对方有没有什么特殊的要求和想法。

2. 分享自己的想法并征求意见

在询问对方的意见之前，可以先分享一些自己的观点和建议，既将自己的思考过程展示给对方看，也让对方全程参与到决策中，更易打破“随便”的僵局。

3. 强调选择的重要性

假如对方始终说“随便”，你可以适当强调一下选择的重要性，让对方意识到如果自己一直说“随便”的话，可能会带来的影响，进而引起对方的重视，给出更确定的答案。

4. 暂时搁置，后续再问

假如对方当下没有明确的想法，也不要强迫他们此时此刻做出决定，可以先将这个问题搁置，以后再问。

6 紧急救场：大脑空白时的三种应对话术

公开发表演讲时，很多人都会紧张，导致大脑突然空白。原本烂熟于心的演讲稿却怎么也想不起来，看着台下众人的目光，那场景要多尴尬有多尴尬。其实大家不用害怕，可以在平时储备几种“缓冲话术”，用来应对尴尬情况，以完成接下来的演讲。

大脑突然“宕机”怎么办？

当你和他人正在交流时，你的大脑突然一片空白，这种场景想想就觉得尴尬。那么，这时应该怎样做呢？最好是不动声色地把这个问题处理好，将自己最后说的那句话当作新话题的开始，继续表达下去。

星晨公司正在举办年会，作为优秀员工代表，童妙妙要上台发言。谁知，她刚讲到一半就突然忘词了，此刻她的大脑一片空白，心跳加快，慌乱地思考着现在该怎么办。

短短几秒钟过后，她马上接着上一句说：“过去一年我所取得的成绩离不开各位同事的帮助和共同努力，那么我想现场采访一下，在过去一年里，大家最有成就感的工作瞬间是哪一个？”她的话音刚落，台下的同事们纷纷举手，讲述自己的故事。有的说自己最有成就感的工作瞬间是凭一己之力，完成了一个棘手的项目；有的说自己成功帮客户解决了一个难题，得到客户的认可；童妙妙一边认真听，一边在脑海里快速回忆自己的演讲稿。没过多久，她想起接下来要讲的内容了，不仅顺利完成了此次演讲，还赢得了领导和同事们的掌声，年会的氛围也被推向高潮。

忘词时别慌

演讲时，发生任何突发情况都是有可能的，其中最常见的一种就是忘词。这时你不要紧张，一定要沉着、冷静，不要跟观众说抱歉，否则你会成为观众眼里的笑料，而要装作若无其事，继续你的演讲。

市里举办以环保为主题的演讲比赛，张朋也报名参加了。轮到他登台的时候，他一下子紧张得不得了，手心不停地冒汗，完全忘记了自己应该讲什么。

可是他自我平静了几秒钟，深呼吸后微笑着看向评委席，问道："评委老师们，你们觉得作为一个优秀的演讲者，要具备什么样的素质？"评委们还是第一次见到演讲者在台上这样询问自己，便纷纷发言，有人说内容要醍醐灌顶，有人说表达要生动。张朋灵机一动，将评委的观点和自己的演讲主题相结合，继续发表自己的演讲："没错，演讲就是要注重真情实感，接下来我就给大家讲讲我在环保上的深切体会，希望能给大家带来一些启发。"之后，张朋顺利完成了自己的演讲。他就这样凭借自己出色的应变能力，最后还得到了一个好名次，获得评委和观众的赞许。

用提问掩饰忘词的尴尬

如果在公开场合发表演讲突然忘词，不知道接下来该说什么时，要不动声色地将这个尴尬的场景跨过去，比如有人就曾经问后排的人："后排的观众，你们能听到我说话吗？"他就通过这种简单的问题，既掩饰了自己忘词的尴尬，又表现出对听众的关心，赢得了大家的一致好评。在一问一答的过程中，他便想起了后面要讲的内容，演讲得以顺利进行。

在一场重要的研讨会上，李文正激情洋溢地分享自己最新的研究成果。可刚起了个头，他就发现大脑似乎死机了，完全忘了接下来要讲的内容。看到台下诸多前辈和同行的目光，李文感到前所未有的尴尬。就在这时，他突然想到曾经看过的应对之策。只见他面带微笑，目光缓缓地扫向后排，一脸关切地问道："后排的听众们，你们能听到我说话吗？"这一问，让原本死寂的气氛立刻活跃了起来，很多人开始响应他。李文就这样为自己争取了宝贵的思考时间。他一边和听众交流行业心得，一边飞快地在脑海中检索接下来要讲的内容。

一切都刚刚好，当短暂的交流结束后，他的大脑也重启了，他重新想起了之前忘记的内容，继续发表自己的演讲，赢得台下阵阵掌声。这次经历让李文深切地感受到，演讲时一定要学会几招应对突发状况的妙招。

演讲中"忘词"的应对技巧

1. 直接跳过忘掉的部分

很多演讲者在忘词时，会选择直接跳过忘掉的那部分，直接讲后面的部分。

2. 即兴插入一段和演讲相关的内容

当你忘词了，可以马上插入一段和演讲相关的内容，比如“大家听我讲这么久，估计也累了，下面我们来做个小游戏放松一下……”利用这个短暂的空当，快速回忆自己接下来要讲的内容。

3. 加点故事

提前准备几个和主题相关的小故事，如果一时忘词，可拿小故事来救急，进而延伸出新话题，让演讲顺利进行。

4. 让听众帮你说出答案

你可以这么说：“各位朋友，刚刚我讲了第一点、第二点，那么，第三点是什么呢？大家可以猜一下。”将问题丢给听众，他们通常会给予你多个回馈，兴许其中就有你想要讲的第三点呢！

一学就会的说话、回话技巧

★场景一：聆听朋友倾诉的烦恼

●**普通回应：**哦，这样啊。

■**智慧回应：**听起来你最近不容易，遇到不少糟心事，你刚提到［重复关键内容］，我理解你的感受，你打算怎么做？

★场景二：客户提出模糊需求

●**普通回应：**你到底想要什么样的？

■**智慧回应：**我明白您对合作有期望，为精准满足您的需求，我列举几个方向，比如［列举选项］，有接近您的想法的吗？

★场景三：面对他人激动的指责

●**普通回应：**你别激动，听我说。

■**智慧回应：**我知道您生气，肯定是我哪里做得不好，您先消消气，慢慢说，我认真听。

★场景四：被问到难以回答的问题

●**普通回应：**我不知道。

■**智慧回应：**这个问题很有深度，我之前没有从这个角度想过，让我梳理下思路，稍后给您满意的答复。

★场景五：倾听领导安排工作

●**普通回应：**好的，知道了。

■**智慧回应：**领导，您刚提到工作重点在［重复关键内容］，我确认一下理解得是否正确，后续我按［说明步骤］推进，有问题我会及时向您汇报。

第 4 章

挑战性回话：高难度场景拆解

在复杂的沟通场景里，各类信息常显得杂乱无章。我们要像用筛子一样，快速挑选出重要信息，同时保持交流的稳定。有效的回应既要表达清晰、逻辑合理、语句通顺，也要顾及对方的情绪。通过逐步消除模糊感，把混乱的对话变得有序，最终达成共识。真正有价值的信息应该是简洁明了的，而不是复杂晦涩的。简单清晰地表达，才是高效沟通的秘诀。

1 面对异议：用“太极话术”化解攻击

面对不同意见时，我们可以像打太极一样，用聪明的“太极话术”来应对，用柔和的方式化解冲突。当别人提出质疑时，先表示理解，然后用温和的语气引导对方思考其他方法。这种沟通不是硬碰硬，而是像借风扬帆一样，顺着对方的想法，再引入自己的新观点。智慧在于保持谦逊，用开放的心态去探索更多可能，这样就能在交流中找到大家都认可的答案。

用柔和化解冲突

面对他人提出的异议，沟通高手从不正面硬碰，而是像打太极一样，用冷静和智慧化解冲突。对方情绪激动时，他们会先安抚情绪；对方提出质疑时，他们会理性引导。这种以柔克刚的方式，不仅能避免矛盾升级，还能赢得对方的信任。

销售员刘军接待了一位满脸不悦的顾客。顾客一进门就嚷嚷：“你们这是什么破价格！比别人家贵这么多？”面对顾客的质疑，刘军没有急着反驳，而是用柔和的方式回应：“您先消消气。价格确实是个重要问题，不知道您比较过哪些品牌呢？”

客户一听，便开始详细讲述其他产品的好处。刘军认真听完后，耐心地回应道："我明白了您的顾虑。我们的产品价格是高一点，但售后好、使用寿命长，长期看很划算。之前有客户也觉得我们的产品价格偏高，但使用后发现我们的售后响应速度快，设备很少出故障，综合算下来性价比是最高的。"顾客的情绪逐渐缓和，开始认真听刘军介绍。最后，顾客不仅买了产品，还主动要了刘军的联系方式，说道："小伙子挺实在，以后就找你下订单了。"

用太极智慧化解销售难题

面对客户的强硬质疑，销售员若直接反驳，只会让局面变得更僵。但若像打太极一样，保持冷静，耐心倾听并巧妙回应，就能化解客户的抵触情绪，把异议变成合作契机，促成交易。

在一次会议中，李密提出了一个新的项目方案，还没等他说完，老员工张娇就打断并否定了这个方案。张娇毫不客气地说："这方案太不靠谱了，根本行不通，纯粹是浪费时间。"

面对这样的批评，李密没有生气，反而温和地回应："张姐，您这么直率，肯定是希望项目能顺利推进。您觉得方案有问题，那一定是有我没考虑到的地方。您能具体说说吗？"张娇被李密的态度所打动，开始详细说明自己的看法。

李密听完后说："张姐，您说得对，我确实没有注意到这些。要不我们先小范围试点，根据反馈再完善方案？您经验丰富，能帮我一起完善试点计划吗？"张娇的态度缓和了，开始和李密一起讨论。最终，两人合作优化了方案，为公司带来了不错的收益。

以理解化解冲突

"太极话术"强调以柔克刚，倾听和理解是化解冲突的关键。面对异议，不要急于反驳，先耐心听对方把话说完，让他们感到被尊重。这种理解的姿态能快速安抚对方的情绪，以防止冲突激化。通过接纳和理解，将对方的攻击性转化为合作的动力，为顺畅沟通铺路。这种方式不仅能化解矛盾，还能拉近彼此的距离，促成合作。

王一鸣是销售团队里公认的高手，尤其在处理难缠的客户投诉方面有一套。有一次，他接到一位客户的投诉电话，对方气冲冲地抱怨："你们的服务太差了，我打了好多次电话都没有解决，我要投诉！"王一鸣不慌不忙，耐心听完客户的抱怨后，温和地说："先生，我完全理解您生气的原因，遇到这种事确实让人着急。您先冷静一下，和我说说具体原因，我会尽力帮您解决问题。"

客户的情绪稍微缓和后，开始详细讲述问题。王一鸣认真听完，诚恳地说："很抱歉让您不开心，给您添麻烦了，我马上联系相关部门，今天下班前给您回复。"客户听了这些话，情绪好多了，也认可了王一鸣的做法。最后，问题顺利解决，客户对王一鸣的处理方式赞不绝口。

"太极话术"巧解冲突

1. 先肯定，缓和气氛

遇到不同意见时，先接受对方的感受，哪怕不认同观点，但感受是真的。同时，理解对方的出发点，他们可能是想让事情更好。这种肯定能快速缓和情绪，把对方从批评者变成合作伙伴。

2. 模糊回答，避开冲突

当遇到尖锐的质疑或攻击性话语时，可以用比较模糊的方式回应，不要直接正面回答问题，以免激化矛盾。同时，把话题从敏感点转移到平和的方向，引导对方从情绪发泄转向讨论具体问题。

3. 多提问，让对方思考

当对方提出异议时，不要急于反驳，而是可以通过提问的方式深入了解他们的真实需求，引导对方反思自己的观点，促使他们重新审视自己的想法，推动双方理性地探讨问题，找到有效的解决方案。

2 遭受语言伤害：设置边界的“三明治法则”

语言有时会像刀一样伤人。很多人，特别是性格内向的人，遇到别人说话难听时，常常不知道该怎样回应，只能被气得脸通红，勉强说一句。事后，他们不仅会生对方的气，还会觉得自己很软弱，陷入自我怀疑和自责的情绪中。面对语言攻击，不反击就容易反过来生自己的气，陷入负面情绪。

优雅应对语言攻击

遇到言语攻击时，别急着骂回去。说脏话不仅有失风度，还会让冲突更严重，甚至会被对方抓住把柄。要学会冷静应对，既能保护自己，又能避免矛盾升级。真正的智慧是用冷静的态度和优雅的言谈让对方闭嘴，而不是陷入无休止的争吵。

职场新人李芳正在工位上认真整理资料，部门前辈赵姐皱着眉头走过来，说道：“小李啊，这点小事都做这么久，你也太不利索了！”

李芳心里有点委屈，但她没有生气，反而微笑着说：“赵姐，您的提醒对我很有帮助。我确实还有很多要学习的地方。您能给我一点具体建议吗？我应该如何整理这些文件？您做得又快又好，我想向您学习，把工作做得更好。”见李芳态度诚恳，赵姐表情柔和了许多，说道：“你看啊，这些文件应该先按日期分类……”边说边示范。李芳认真记下每个要点，不时点头回应。就这样，李芳不仅学到了更高效的工作方法，还和赵姐成了好朋友。这次经历让她明白，优雅应对比愤怒反击更能解决问题。

收起期待，坚守底线

我们常常希望被他人认可和喜欢，这种期待让我们对别人给予的评价很敏感，也容易成为被攻击的弱点。面对语言攻击时，要放下期待，明确自己的底线，不被对方影响。

李芳和张丹是大学同学。一次同学聚会上，李芳看着张丹调侃道：

“张丹，这么多年你好像没啥变化，还和上学时一样，普普通通。”

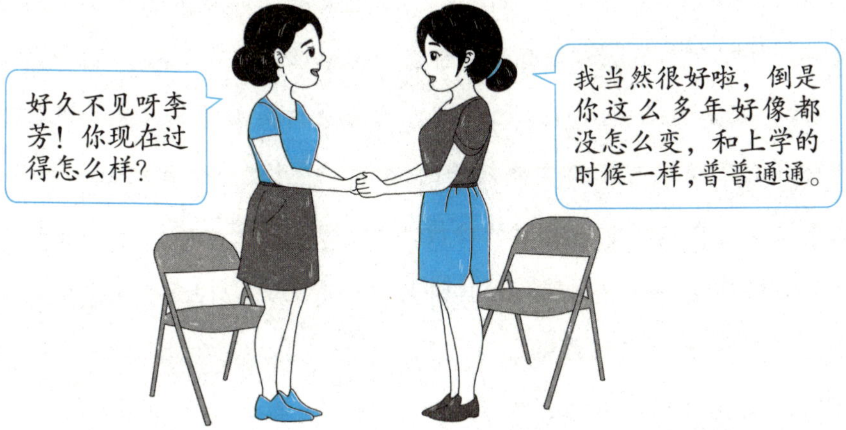

张丹听了，没有受李芳的影响，反而笑着说：“李芳，咱们多年没见，应该开开心心地聊天。我知道你可能是开玩笑，但这种话听起来不太舒服。其实，毕业后大家各有各的生活，都在自己的道路上努力。我也有自己的节奏和收获。咱们还是多聊聊这些年有趣的事，分享生活中的美好，没必要互相调侃，影响聚会的好心情。”李芳听了，意识到自己失言，有点不好意思，连忙道歉说：“哎呀，张丹，我没有恶意，就是开个玩笑，真是对不起。”张丹摆摆手，笑着说：“没事，我知道你没有恶意，以后说话注意点就好。”两个人重归于好，大家又有说有笑。

自尊与应对冒犯

被别人言语冒犯时，生气是因为自尊心受到伤害。内心强大的人能接受自己的不完美，所以不会被别人的言语轻易伤害。举个例子，有人调侃你的身材，如果你对自己很自信，就不会被戳中痛点。相反，那些内心自卑的人，很容易被冒犯。所以要保持清醒，接纳自己，提升自信，这样别人的那些言语攻击就很难伤害到你。

吴敏和闺密王玫结伴逛街。王玫看到吴敏试穿了一件连衣裙，直接说："吴敏，你有点胖，穿这裙子显得更胖了，不太适合你，你还是换一件吧！"吴敏心里有些不自在，但她很快平静下来，微笑着说："王玫，我知道你是好心，但我对自己的身材挺满意的，也知道自己适合什么风格。我喜欢这件裙子的设计，它让我感觉很自在。其实，我不太在意别人对我的身材的评价，我更看重自己的感受。要是你有好的穿搭建议，可以推荐几件你认为适合我的，这样我也会更乐意接受。"王玫意识到自己说话太直，有点不好意思，连忙道歉说："哎呀，吴敏，我真没别的意思，就是说话太直了。我道歉，以后我会注意的。"吴敏笑着说："没事，我明白你没有恶意。咱们继续逛吧。"两人说开了，都没把这件事放在心上，继续开心地逛街。

"三明治法则"应对语言伤害

1. 柔软开场，先给台阶下

面对言语冒犯时，运用"三明治法则"的第一步：温和开场。先承认自己的真实感受，再肯定对方的初衷。这种开场方式能够缓和气氛，避免直接冲突。如果同事说："你这次的方案做得很一般。"你可以回应道："你这么说让我有点不自在，不过我也知道你对工作要求高，我能理解你。"

2. 核心明确，指出问题

用事实温柔反击，暗示对方评价不够客观，并且明确自己的底线。这第二步是"三明治法则"的核心。如"不过，你没有提到我这个方案有哪些做得不对的地方，我在这个方案上花了很多时间和精力，希望你以后能提出更具体的建议，我不希望再听到这种笼统的评价了"。

3. 结尾积极，表达期待

"三明治法则"的第三步：用积极的态度结束对话，既保持了自己的形象，又把关系往积极的方向引导。如"我相信我们都是为了把工作做好，希望以后我们能在互相尊重的基础上，多交流想法，这样我们的合作会更顺利"。

3 回答隐私问题：转移焦点四步法

在社交过程中，保护自己和他人的隐私非常重要。没有人愿意和喜欢传播隐私的人交朋友。但总有人爱打听别人的隐私，让人不知道如何拒绝。面对这种情况，可以委婉地转移话题，或者用幽默的方式回避问题。这样既能保护隐私，又不会伤害到对方，还能保持良好的关系。

用反问保护自己的隐私

面对隐私问题，反问是保护自己的最好方法。当别人问到关于你的隐私时，把问题反抛给对方，用类似的逻辑让对方回答自己的问题。这样，对方就无法再继续追问了。

陈放的公司最近忙得不可开交，大家都在为一款新产品的研发加班加点。这天，陈放参加了一场行业交流会，同行章力凑过来，一脸好奇地问："听说你们公司在搞个大项目，投了不少钱，能透露一下具体花了多少吗？"陈放心里咯噔一下，这问题可不好接。他停顿了一下，微笑着反问道："章力，你消息可真灵通！不过你这么关心研发资金，你们公司最近也出了一个新产品，肯定也投入不少吧，能和我说说你们公司的情况吗？"章力没料到会被反问，有点儿愣住了，然后开始讲自己公司的事。

等章力讲完，陈放接着说："你们的计划听起来挺厉害的。对了，刚才专家提到的新技术，我觉得对咱们行业影响很大，你怎么看？"章力的注意力立刻被吸引过去，两人开始讨论起来。陈放通过反问的方式巧妙地避开了隐私问题，不仅没得罪人，还把话题引到了更有意思的地方，避免了大家的尴尬。

用工作规范回绝敏感问题

遇到敏感问题时，可以这样回绝："项目还在保密阶段，暂时不能细说。"或者换个方式回应："公司规定这类信息需要审批才能分享。"这样既遵守了职业规范，又不会让对方尴尬。明白人都懂，有些事不该问，有些话不方便说，这才是职场默契。

在一次行业交流晚宴上，酒喝得差不多时，李阳端着酒杯走过来，对赵宇航说："听说你们最近接了个大项目？赚了不少吧？"

赵宇航心里一紧，这问题问得有点像查账。他抿了一口酒，故意苦着脸说："别提了，阳哥，现在公司管得特别严。上周市场部的小张因为在朋友圈发了张项目照片，就被领导训了半天。”

李阳还想继续追问，赵宇航赶紧转移话题说：“对了，你们上次那个项目上热搜了！我看网友都在夸你们工期把控得好，有什么秘诀可以分享一下？”两人越聊越起劲，最后还约了周末一起去钓鱼。

在商务沟通中，有些事情就像打太极，该推的时候要会推，该转的时候要会转。既要避免把天聊死，又要守住该守的秘密，这才是真正的本事。

拖延术的妙用

生活中难免会遇到一些不想回答的问题，这时候不必急着回答，可以这样说：“让我想想再告诉你。”或者找个借口：“现在有点事，回头聊。”一方面给自己争取了思考时间，另一方面也可能让对方慢慢淡忘这个问题。就像按下对话的暂停键，既保持了礼貌，又守住了自己的界限。说不定过会儿对方就忘了，事情也就过去了。这样既不得罪人，又给自己留了余地。

午休时，王志正往杯里倒咖啡粉，刘羽突然凑过来，神神秘秘地问："志哥，听说你和市场部的张总很熟？你们该不会是亲戚吧？"王志没想到对方会这样问，差点把咖啡粉洒出来。他笑了笑说："你哪里得到的消息呀？不过现在真没空聊，季度报告下午就得交，老板催得紧。"他看了眼手机："改天请你喝奶茶，咱们慢慢说？"下班后，王志在电梯口碰到刘羽。"总算忙完了，"他拍拍刘羽，"其实我和张总就是普通同事关系，上次做项目多请教了他几句。"王志话锋一转，继续说："对了，你那个项目不是遇到问题了吗？解决没？""别提了！"刘羽立刻打开了话匣子，完全忘了打听八卦的事。看着刘羽，王志悄悄松了口气。职场里有些事，与其硬邦邦地拒绝，不如换个话题。这样既不得罪人，又能守住自己的小秘密，大家都开心。

应对敏感话题四步走

1. 缓冲时刻，保持冷静

面对私人问题时，先别急着回答，深呼吸，给自己一点时间思考。这个简单的动作不仅能帮你调整状态，还能显示你的从容不迫。通过短暂的停顿，你可以更好地组织语言，避免冲动回答。

2. 迂回应对，巧妙回答

面对涉及隐私的问题时，直接拒绝可能会让对方感到尴尬。可以用幽默的方式回答，既回避了问题，又转移了话题。这种方式不仅能缓解尴尬，还能让对话继续下去，避免直接冲突。

3. 话题嫁接，转移注意力

敏锐捕捉现场元素，如对方的配饰或周围的环境，自然地引出新话题。将对话内容转向对方感兴趣的事物，避免尴尬。通过这种方式，你可以巧妙地避开私人问题。

4. 深度互动，引导对方

在新话题上表现出真诚的兴趣，让对方成为话题的主导者。通过提问和倾听，不仅能转移焦点，还能增进交流，让对话更加自然流畅。这种谈话方式不仅能避免尴尬，还能让对方感受到你的尊重。

4 幽默回话：化解尴尬，增添趣味

语言是人际交往的桥梁，而幽默则是这座桥梁上最灵动的装饰。一句恰到好处的幽默回话，既能巧妙地化解尴尬，又能为对话营造轻松愉快的氛围。正如马克·吐温所说："幽默是人类智慧的闪光点，它能让人在困境中依然保持优雅。"

幽默是尴尬的"解压阀"

生活中难免会遇到令人尴尬的瞬间：说错话时的局促、冷场时的沉默，或是被意外戳中的隐私。此时若能用幽默自嘲或转移焦点的方式化解尴尬，不仅能让自己从容脱身，还能让他人感受到你的豁达与机智。

公司季度汇报会上，市场部主管王琳准备向众人展示她精心准备的市场分析报告。由于连日来熬夜加班，准备材料至深夜，她的眼神中难掩一丝疲惫。然而，就在她满怀信心地开始汇报时，一个意外的小插曲发生了——她不慎将关键的"客户满意度指标"误念成了"客户满月礼指标"。

这一突如其来的口误，让台下的同事们先是愣了一下，随后便是一阵低低的错愕之声，紧接着是窃窃私语，气氛一时变得微妙起来。

经理有些不满地说：“你这口误也太离谱了吧？”但王琳并未因此慌乱，她迅速调整状态，扶了扶鼻梁上的眼镜，嘴角勾起一抹从容的微笑，说道：“看来我们的数据表现太过出色，连 PPT 都迫不及待地想要给客户送上一份‘满月红包’了呢！不过话说回来，咱们给予客户的诚意和关怀，可比任何红包都要来得实在。接下来，就让我们一起看看那些真实而令人振奋的数据吧——”

话音未落，全场已是一片掌声，先前的尴尬瞬间烟消云散，汇报会回到了正轨。

幽默是关系的“润滑剂”

英国作家萧伯纳曾说：“幽默就是用最温柔的方式说出最犀利的真相。”当意见不合或气氛紧张时，幽默能四两拨千斤，既表达立场，又避免冲突。

餐厅里，一位顾客在品尝完一碗汤后，眉头微微一皱，向服务员抱怨道：“这汤太淡了，喝起来简直就像自来水一样，毫无味道。”面对顾客的直言不讳，服务员并没有表现出丝毫的不悦或辩解，反而是一脸笑意盈盈地回应：“哎呀，您这比喻可真是生动形象呢！”服务员的语气中带着几分俏皮，“不过我想，我们的厨师可能是怕您用餐时口渴，特意少放了些盐，想让您在享受美食的同时，也能保持口腔的湿润呢。”

话锋一转，服务员幽默地补充道：“不过既然您觉得淡了，那我就给您加点‘海水’调调味吧！当然，是加了盐的鲜汤，保证让您满意！”说着，服务员便麻利地转身去为顾客重新调味。

顾客被服务员的机智和幽默逗乐了，原本紧锁的眉头也渐渐舒展开来。

幽默需要真诚与分寸

幽默的真谛在于用智慧观察生活，带着善意去表达。它就像温暖的阳光，用轻松化解尴尬，用自嘲卸掉锋芒，让笑声拉近彼此的距离。若把握不好尺度，幽默就会变成裹着糖衣的讽刺，表面甜蜜却扎人；若缺少真心，就会变成耍嘴皮子的套路，失去打动人的力量。幽默要像烹饪，火候对了就能香气扑鼻，成为点亮生活的阳光。

公司组织团建，大家围坐在一起玩游戏。同事小张输了，按规则他要接受一个惩罚——模仿一种动物的叫声和动作。小张有点不好意思，扭捏了半天，才小声学了声猫叫。

这时，同事小李大声笑道："就这啊，也太敷衍了！你这猫跟得了大病似的，有气无力，还不如我家楼下那只流浪猫叫得响亮呢！"小张脸上一阵白一阵红，有些尴尬地低下了头，周围的同事也都愣住了，原本欢快的氛围一下子变得有点儿微妙。

有人打圆场说："好啦，好啦，别挑刺儿了，小张学得挺可爱的。"可小李还没意识到自己的话不合适，继续打趣道："可爱啥呀，这要是去演《动物世界》，观众不得全跑光喽！"小张实在忍不住了，低声说道："我本来就不太擅长这个，你别一直说风凉话了。"小李这才反应过来自己玩笑开过头了，顿时有些后悔，却不知道该怎样挽回局面。

幽默回话的三大心法

1. 积累“趣味素材库”

记录日常生活中的荒诞片段，如“电梯里遇见邻居捧着一盆仙人掌，仿佛移动的防狼装置”。

收集经典喜剧台词或网络“热梗”，但需二次创作，避免生搬硬套。

2. 培养“错位思维”

将严肃场景与轻松元素结合。例如领导指出“项目进度慢”，可回应：“确实，咱们的进度条和树懒比都略显迟缓，今天开始集体发力！”

用非常规逻辑解读问题。被问：“为什么单身？”可答：“我在等待国家分配，结果系统好像卡住了。”

3. 练习“微笑反击术”

面对被冒犯时，用幽默柔和地化解攻击。如有人说：“你这衣服像麻袋。”可回：“恭喜你发现了我‘环保流浪风’的秘密！”

活用“Yes，and……”即兴喜剧原则。先接纳对方的观点，再夸张延伸。同事抱怨：“加班累成狗。”可接：“汪！本犬申请一根精神肉骨头！”

一学就会的说话、回话技巧

★场景一：面对言语挑衅

●普通回应：你这话是什么意思？

■智慧回应：看来我们之间可能有些误解，我很看重我们之间的关系，不如我们好好沟通一下？

★场景二：应对长辈催婚

●普通回应：我的事不用你们管！

■智慧回应：谢谢您的关心，我知道您是为我好。感情的事需要缘分，遇到合适的人我会第一时间告诉您。

★场景三：回避隐私

●普通回应：这是我的私事！

■智慧回应：这个问题不太方便说，对了，最近有部电影特别好看，您看过吗？

★场景四：打破聚会冷场

●普通回应：怎么都不说话了？

■智慧回应：看来大家都在思考怎样分享自己的故事呢！我先讲个最近遇到的趣事吧！

★场景五：回应工作质疑

●普通回应：你懂什么！

■智慧回应：感谢你的意见，我们可以一起讨论这个方案的改进方向。

第 5 章

智慧博弈：让回话产生价值

回话是一门充满智慧的艺术，精妙的回话不仅能解决问题，还能创造价值。反问的艺术，能把问题抛回给对方，从而掌握沟通节奏；拒绝话术，从生硬拒绝到提出共赢方案，维护关系的同时达成目的；向上管理，巧妙地给领导提出建议，展现能力；化解冲突，化干戈为玉帛；面对低认知质疑，用类比降维打击。

1 反问的艺术：把问题抛回给对方的44种方式

在与人交流时，当对方的言语明显带有恶意时，如果你想反驳，可以采用反问的接话方式。它并不是一种简单的重复性提问，而是一种暗含深意的沟通艺术，可展现出你高超的说话技巧。在很多场景下，它都可以发挥出让人意想不到的作用。

反问的定义

从字面意思来看，反问就是反过来问，将原本的回答变成问句。在回答问题的过程中，当你突然反问对方一句，会打得对方措手不及，来不及反应，从而收到出其不意的效果。

公司正在召开项目研讨会，秦奋兴致勃勃地提出了自己的方案，谁知遭到同事小刘的反对，小刘说：“你这个方案预算严重超标，能保证收益足够多吗？”秦奋并没有忙着解释，而是反问道：“小刘，你觉得预算严重超标，那在你看来，现如今这个市场环境下，该如何分配预算，才能既保证项目顺利推进，又拿到丰厚的回报呢？”小刘没想到对方会来这么一手，只得快速思考，然后阐述自己的观点。秦奋接着说道："你提的这些观点都很有价值，我其实也考虑过，这个预算也是经过我们反复分析过的。我觉得我们接下来要做的是探讨怎样优化成本，让项目顺利进行下去，既保证质量，又确保收益。"通过反问，秦奋不但将问题抛给小刘，让其代替自己思考，还巧妙地将话题引向另一个方向，提高了会议的效率。

反问的好处

反问，与反击、反驳以及反唇相讥有所不同，它可能只是看似不经意的一句提问，或者是一个随口而出的玩笑话，却能达到既轻松自在又引人深思的效果。当你想在不破坏和谐氛围的同时保护自己时，使用这种方法不失为一个好的选择。

在一场行业研讨会上，有同行质疑赵众公司新推出的产品模式："你们这种创新模式，市场接受度吗？感觉风险很大。"

赵众笑着反问道："您觉得风险大，那您认为当前市场上有哪些成熟的模式可以借鉴，来降低我们新模式的风险呢？"

同行思索后给出了一些建议。赵众回应道："您的建议很有启发，其实我们在设计新模式时，参考了部分成熟模式的优点，同时结合市场新需求进行创新。就像您提到的客户反馈机制，我们也将其融入其中，以便更好地适应市场。您看我们这样的融合创新，是不是能在控制风险的同时，提升市场接受度呢？"

赵众用反问化解质疑，还借此与同行进行了深入交流，完善了产品思路。

反问的使用场合

在某些场合，人们时常会抛出一些非常敏感的问题，试图摸清你的真实想法，或是故意给你出难题。面对这类问题，采用间接的回答方式通常能取得不错的效果。那么，当有人向你提出刁钻的问题时，该如何回应呢？最佳策略莫过于"以其人之道，还治其人之身"。这样既能巧妙地避免树敌，又能在对话中保持自己的立场不被动摇。

销售小王正热情地向客户介绍公司新研发的软件产品。客户皱着眉头，满脸担忧地问道："这款软件的操作会不会很复杂？要是太复杂，我们员工培训成本肯定很高，这对我们来说是一笔不小的负担。"

小王微笑着回应："我特别理解您的担忧，毕竟很多软件因操作复杂，给企业带来了不少麻烦。那您希望软件具备怎样的操作界面，以及哪一种培训方式，既能让员工快速上手，又能降低培训成本呢？"

客户认真思考后，详细说出了自己的期望。小王听完后，立刻说道："您的期望非常合理，我们团队在设计这款软件时，就将用户体验放在首位。软件操作界面简洁直观，一目了然。同时，配备了线上培训课程和操作指南，员工随时随地就能学习，这样能大幅度缩短培训时间。要不我现在给您演示一下，您感受一下软件操作有多便捷？"客户当即点头，销售顺利推进。

把问题抛回给对方的4种方式：

1. 直接重复反问

对方提出问题后，你原封不动地用疑问语气重复问题。如对方问：

“你觉得这个项目能按时完成吗？”回应：“你觉得这个项目能按时完成吗？”促使对方反思问题，也为自己争取思考时间。

2. 强调关键信息反问

提取问题的关键信息进行反问。当对方问：“我们该怎样提高产品销量呢？”反问：“那您认为目前影响销量的关键因素是什么？”引导对方思考重点。

3. 假设性反问

基于问题，构建假设情境并进行反问。对方问：“这款新软件能满足我们公司的需求吗？”反问：“假如这款软件能满足部分需求，但在某些特定场景下存在小瑕疵，你觉得公司能接受吗？”让对方考虑不同应对态度。

4. 以目的为导向反问

探究提问的目的进行反问。对方问：“我们要不要参加这次行业展会？”反问：“你想通过参加这次展会达成什么目标呢？是拓展客户资源、提升品牌知名度，还是其他？”帮助对方梳理思路。

2 拒绝话术：从“直接说不”到“共赢方案”

拒绝和生存一样，都是一项权利。一个人只有懂得什么该拒绝，才能明确什么该去做。学会拒绝，是个人成长和找回自我的重要一步。人们往往把拒绝看作是出于无奈的防御，但实际上，它是主动做出的选择，是内心成熟的表现。在我们的一生中，拒绝的机会远远多于选择的机会。生命只有一次，要在众多道路中找到成功的路径，就必须学会在众多选项中做出选择。拒绝，是我们一生的“伴侣”，时刻伴随着我们。

拒绝需要勇气

拒绝他人需要一定的勇气，这种勇气源自个人的自主性和成熟度。成熟的人会主动挑选对自己有益的选项，并有足够的定力去抵挡他人的影响。对于缺乏自主性的人来说，拒绝他人会让他们感到焦虑不安，而内心坚强的人则会以恰当的方式坦然地对他人说“不”。

李海是公司的业务骨干，同事老王经常找他帮忙做一些本职工作以外的事情。这次，老王又拿着一堆文件找到李海，说：“小李啊，你业务能力强，帮我把这些数据分析做了吧，我实在忙不过来。”

李海内心其实很不情愿，因为自己的工作也不少。但他没有直接拒绝，而是说：“王哥，我特别理解你现在忙不过来的情况，我也很想帮你。但我最近负责的项目进入关键阶段，每天都要加班，实在抽不出时间。要不这样，我之前做过类似的数据分析，整理了一些快捷方法和模板，我分享给你，你按照这个思路做，应该能提高效率，节省不少时间，你看行吗？”

老王听后，虽然有些失望，但也接受了李海的建议，两人关系依旧融洽 。

拒绝的标准

面对任何请求，你应当设定一个明确的标准，用以判断哪些请求可以接受，哪些请求应该拒绝。有了这个标准，你就能很清楚地做出决定。如果某件事你既能做到又乐意去做，那就爽快地答应别人吧！相反，如果某件事你做不到或者根本不想做，那就勇敢地拒绝，不必犹豫。别怕伤了和气或招来怨恨，因为你有权说“不”。

朋友约美娜周末去参加一个她并不感兴趣的聚会。美娜本想直接拒绝，但又怕伤了朋友感情。她思考片刻后说：“亲爱的，真的特别感谢你邀请我，能被你惦记我十分开心。不过我早就和爸妈约好这周末一起去看望爷爷奶奶，他们年纪大了，盼着我们回去，这个约定我实在没办法改。下次再有好玩的活动，你提前跟我说，我一定积极参加，这次实在不好意思啦。”朋友听后，理解了美娜的难处，也没有因此生气，两人关系一如既往的好。美娜通过委婉拒绝，既坚守了自己的安排，又维护了朋友之间的情谊。

学会拒绝

拒绝，它不仅是一种技巧，更是内心成熟的一种体现，让人在人际交往中保持清晰界限，不拖沓、不依赖。对于一部分人来说，一旦你初次未能果断拒绝，对方可能会更加无孔不入地介入你的生活。重要的是要认识到，真正热情且善良的人，会优先考虑你的需求。他们在你真正需要援助时伸出援手，而不是一味期待日后能从你身上获取更多回报。

一天，一个客户匆匆忙忙地找到张昊，要求公司在一周内完成一个大型项目。张昊心里清楚，这个项目规模庞大，涉及多个复杂环节，公司正常交付至少需要一个月，客户的要求明显超出了公司能力。

张昊耐心地对客户说："我特别理解您着急推进项目的心情，一直以来，我们公司都以服务好客户为宗旨。可这次项目规模大，按照正常流程，加上公司现有的人力、物力资源，实在没办法在一周内完成。不过您放心，咱们可以商量出一个替代方案。先集中精力完成项目的核心部分，让您能尽快开展关键业务，与此同时，我们会调配更多人员，加班加点赶工，完成剩余部分。虽然整体交付时间要比您预期的长一点，但肯定能最大限度地满足您的紧急需求。您觉得这个方案可行吗？"

客户认真权衡后，认为张昊的提议既能解决当下的燃眉之急，又具有可行性，便接受了这一方案，双方的合作得以顺利推进。

高效沟通中的拒绝

1. 直接拒绝：明确立场，谨慎行事

在生活与工作中，面对不合理或紧急的请求，直接拒绝是高效的方式。关键在于坚定语气，清晰表达原因，避免模糊态度引发误解。

2. 委婉拒绝：维护情面，表达尊重

对于亲近或需要维护关系的人，委婉拒绝更显尊重。先感谢邀请，再温和地说明无法参加的原因，让对方感受到诚意。

3. 提出替代方案：化拒绝为合作契机

当无法满足直接请求时，提出替代方案可维护关系。理解对方需求后，提供双方都能接受的解决方案。如客户要求快速交付项目，可提出先提供初步框架，再争取缩短交付周期的方案。

4. 协商共赢：寻找利益平衡点

在涉及双方利益的长期合作中，协商共赢是关键。以开放的态度沟通，分析需求与利益点，共同寻找平衡点。如合作收益的分成比例需要调整，可探讨市场拓展、成本优化等方式，增加整体收益后再评估分成比例。

3 向上管理：如何巧妙地给领导提建议？

与上司建立良好工作关系的核心在于实现有效沟通。这种沟通，我们称之为向上管理，它打破了管理由上向下的单向模式，强调了自下而上的互动与影响。因此，掌握与领导高效沟通的技巧，适时且恰当地提出建议，是职场人士不可或缺的能力。通过积极的交流，不仅能够增进彼此的理解，还能在合作中共同探索出更优的解决方案。

向领导提出建议的智慧

向领导提出建议前，充分且谨慎的准备至关重要。领导的尊严与权威，下属需细心维护，不要轻易发起挑战。即使领导犯错，维护其在团队中的颜面同样重要。

公司准备推出一款新产品，领导制定的营销策略侧重于线下推广。栗然觉得结合当下市场趋势，线上推广效果可能更好，但他知道领导一向重视线下渠道。

于是，栗然在领导心情不错的一天，拿着一份详细的市场调研报告走进办公室，恭敬地说："领导，我特别佩服您对线下推广的精准把握，这确实是我们以往成功的关键。不过我最近调研市场发现，当下线上消费趋势增长迅猛，很多竞品通过线上推广收获颇丰。我在想，咱们这款新产品，能不能在线下推广的基础上，适当增加一些线上推广渠道，比如社交媒体广告、线上直播带货等，说不定也能开拓新客户群体，提升产品销量。这是我整理的一些线上推广案例和初步计划，您有时间可以看看。”领导听后，认真翻阅资料，觉得栗然的建议有道理，最终调整了营销策略，新产品上市后大获成功。

职场建言的艺术：以委婉促改进

提出建议的初衷在于推动工作优化。领导在工作中难免存在疏漏，但与向亲友直接指出错误不同，向领导建言需采取更为委婉的策略。恰当且委婉的表达，其效果往往远超直接批评。

部门正在进行一个重要项目，领导安排的任务分工在实际执行中出现了一些问题，导致进度缓慢。王鸣想建议领导调整分工，但又担心直接指出问题会让领导不悦。

王鸣私下找到领导，诚恳地说："领导，您之前安排的任务分工，出发点肯定是为了让项目能高效推进，我们也都明白您的良苦用心。但最近在执行过程中，我发现由于部分工作环节难度较大，负责的同事有些力不从心，可能会影响整体进度。我思考了一下，能不能把这些难度较大的工作重新分配给经验更丰富的同事，让各环节都能顺利开展，这样项目进度也许能更快。这只是我的一点想法，主要还是看您的决策。"领导听后，觉得王鸣考虑周全，便采纳了他的建议。

职场建言秘诀：把握时机与场合

向领导提出建议时，时机与场合的选择至关重要，这能确保领导认真听取并减少反感。在轻松愉快的娱乐活动中，领导往往心情愉悦，此时提出建议更容易被接纳。若能巧妙地将建议融入当前情境，通过暗示或类比等方式，能进一步启发领导的思考。此外，一些成功的下属擅长捕捉领导的话语，灵活地借题发挥，巧妙地将话题引导至关键议题，从而有效触动领导，推动解决悬而未决的问题。

公司计划举办一场大型活动，领导打算在公司内部场地举行。朱枫认为在外部专业场地举办效果会更好，但直接反驳领导怕不合适。在一次公司团建活动中，朱枫趁领导心情愉悦，和领导聊起之前参加的其他公司的活动，说：“领导，上次我参加一家同行公司的活动，他们是在外部专业场地举办的，场地设施齐全，环境布置也很有氛围，活动效果特别好，给参会者留下深刻印象。我就想，咱们要举办的活动，如果也选在外部专业场地，是不是也能提升活动档次，更好地展现公司形象，吸引更多合作伙伴关注呢？当然，这只是我的一个小建议，最终还得您来定夺。”领导听后，觉得有道理，经过评估，决定更换到外部场地举办活动。

有效向领导提出建议

1. 试探与了解

在提出建议前，先试探领导的性格与反应。若领导表现出防卫姿态，则需要灵活转变话题，避免直接冲突。

2. 诚恳与适度

态度诚恳是沟通的关键，言语适度能确保信息准确传达。即使建议未被完全采纳，也要保持尊重，不影响领导对个人的评价。

3. 提供解决方案

站在领导的角度思考问题，不仅要提出建议，更要给出具体解决方案。这样不仅能展现责任心，还能赢得领导的信任与赏识。

4. 引导与启发

通过提供问题处理的相关资料，或巧妙地向领导求助，引导其自我发现问题。这种方式往往能让领导更自然地意识到问题所在，减少直接指出的尴尬。

5. 低调与归功

建议的初衷在于推动工作改进，而非个人炫耀。问题解决后，将成绩归功于领导，既能维护团队和谐，又能避免招致忌妒，保持个人顺境。

4 冲突化解：化干戈为玉帛的沟通技巧

大多数人都不愿意面对冲突，因为它往往带来不悦。那些自称擅长攻击的人，要么在夸大其词，要么性格上存在问题，他们可能享受看到他人受苦。有趣的是，适度的冲突其实比完全忽视或否认更能激发创造力和效率。然而，冲突升级却是压力累积的元凶。面对冲突，勇敢沟通是化解矛盾的关键。通过有效的对话，我们可以将紧张关系转化为和谐，从而恢复内心的平静，并有望迅速达成和解，重建相互尊重。

冲突化解新视角：主动回避的智慧

很多时候，矛盾的持续升级缘于双方都不愿意妥协，非要争个高低。然而，在冲突中，如果有一方能主动在行动和心态上后退一步，采取回避策略，另一方往往会陷入孤立无援的境地，难以继续争执。这种处理方式，实际上是在超越胜负之争，寻求一种更为平和的解决之道。

在项目小组讨论中，成员张凯和李克因对项目方案意见不合发生了争执。张凯坚持自己提出的方案，认为市场需求明确，应按此推进；李克则觉得张凯的方案风险大，自己的更为稳妥。两人各执一词，气氛紧张。这时，组长汪星让大家先冷静，说：“小张，我理解你对自己方案的信心，这源于你对市场的深入研究；小李，你担心风险也是为项目负责。咱们先别争，来分析一下两个方案的优缺点。张凯，你说说你的方案优势和可能面临的风险；然后小李，你也讲讲你的方案在应对风险方面的具体措施。”在组长的引导下，两人逐渐平静，客观阐述方案。最后，大家综合两个方案的优点，制定出更完善的项目方案，小组合作恢复和谐，项目顺利推进。

冲突解决：平衡利益，着眼长远

在选择解决冲突的策略时，我们不仅要权衡眼前的利益，更要着眼长远的影响。在维护自身利益的同时，应顾及对方的感受，避免以牺牲对方利益为代价来换取自己的胜利。否则，矛盾将难以化解。

办公室里，同事高强和钱亮因公用设备使用问题发生冲突。高强指责钱亮总是长时间占用设备，影响自己工作；钱亮则抱怨高强不提前预约，突然要用，打乱自己的计划。两人吵得面红耳赤，这时，隔壁部门的老孙路过，了解情况后说："小高，我知道你工作紧急，着急用设备；小钱，你也有自己的工作安排，提前预约设备也是合理的。这样吧，咱们一起制订一个设备使用时间表，提前登记预约，紧急情况也有相应的协调机制，大家按规则来，既能保证各自工作顺利进行，也能避免类似冲突，你们觉得呢？"高强和钱亮听后，觉得有道理，冷静下来，一起商量制定了使用规则，化解了矛盾，办公室氛围又恢复融洽。

沟通艺术：化解冲突，实现双赢

在日常沟通中，双方应针对矛盾点坦诚地交换意见，共同探寻最佳解决方案。有效的谈判需遵循以下原则：双方需关注对方目标，保持对事不对人的态度，信守承诺，并期待未来合作，同时确保双方都感到自己赢得了谈判。这个原则是避免冲突的关键。

化解冲突的最佳境界是达成双赢。冲突往往源于一方需求与另一方利益的冲突。若双方都能冷静沟通，不仅能化解矛盾，还能整合双方需求与利益，促成交易，实现双赢。双赢的基础在于信任，双方需展现出合作的诚意与勇气，遵守规则，摒弃小聪明和占便宜的念头。

某公司的两个部门因资源分配问题起了冲突。销售部认为市场拓展需要更多资源，研发部则强调产品研发离不开资源支持。双方互不相让，甚至在公司会议上发生激烈争吵。公司领导介入，先让双方冷静，然后说："销售部为公司开拓市场，带来业绩增长，研发部为产品创新提供动力，你们对公司都至关重要。现在我们来分析一下资源需求的优先级。销售部，你们近期重点项目的资源需求主要集中在哪些方面？预期收益如何？研发部，你们关键研发阶段的资源投入能带来怎样的产品突破？我们一起根据公司整体战略，找到资源分配的平衡点。"在领导的引导下，两个部门重新审视需求，经过协商，达成资源分配共识，部门之间恢复良好的合作关系，共同为公司发展努力。

冲突解决七步走

1. 保持冷静：发生冲突时，先深呼吸并保持冷静，避免冲动言行。对方言辞激烈时，默数几下，以平和心态应对。

2. 积极倾听：给予对方充分表达的机会，用眼神、点头等方式回应，不打断对方说话。倾听能增进理解，发现冲突根源，让对方感受到被尊重。

3. 表达理解：在倾听后，认可对方感受的合理之处，如“我能理解你的担忧”。共情表达能拉近距离，减少抵触情绪。

4. 避免争论：专注于解决问题，而非争论对错。对方提出异议时，思考其合理之处，而非立即辩解。

5. 寻找共同目标：强调双方共同利益，如“我们都是为了项目能成功”。明确共同目标，促进合作，共寻解决之道。

6. 提出方案：了解双方观点后，提出兼顾双方利益的解决方案。先提出初步想法，再共同讨论完善，确保方案双方都能接受。

7. 实施调整：例如任务分配发生冲突时，根据优势特长调整分配，既高效又公平，实现双赢。

5 降维打击：用类比回应低认知质疑

在沟通过程中，降维打击是指利用自身更高的维度知识、认知优势，将复杂问题简化到对方可理解的维度进行处理。低认知质疑者如同身处低维空间，受限于狭小认知范围，而我们通过降维，打破认知壁垒，让信息顺利传递。类比是将陌生、抽象的概念与对方熟悉、具象的事物建立联系。类比能把高深莫测的大数据概念，转化为大众熟知的图书馆场景，降低理解难度，是降维打击的有力工具。

构建清晰逻辑链条

说话前先在脑海中梳理逻辑，围绕质疑核心，从起因、过程、结果的角度构思回应框架。当观点被质疑时，先点明质疑关键所在，其次按逻辑顺序阐述自己观点的形成过程。这样可以让质疑者跟随你的思维路径，理解复杂决策背后的逻辑，避免因认知局限而产生无端质疑。

在科技论坛上，有人质疑朱泽公司研发的人工智能算法复杂且成本高，实用性存疑。朱泽回应道："您质疑算法复杂和成本高，我理解。打个比方，我们的算法就像建造一座现代化大型图书馆。建造时，需要精心规划布局，采购大量优质书籍（数据），安装先进管理系统

（技术架构），前期投入确实大。但建成后，人们能快速精准地找到所需知识（实现高效应用），大大提升效率，从长远看价值巨大。我们的成本也是如此，前期投入是为了后续在智能客服、数据分析等多领域高效应用，为企业降本增效，从长期商业价值看，投入是值得的。”通过类比，朱泽让质疑者更好地理解复杂算法，化解了质疑。

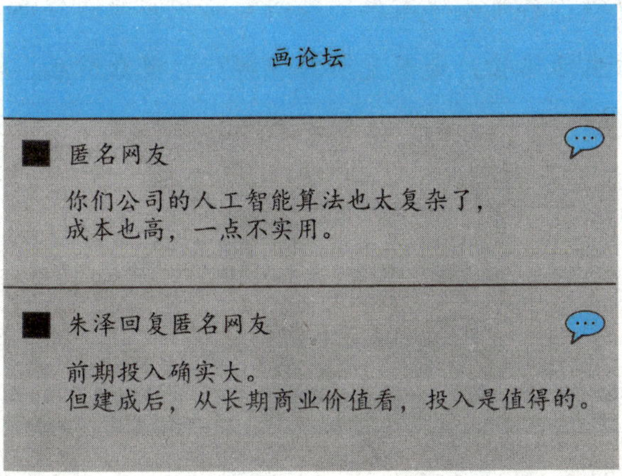

运用基础概念拆解

当遇到专业领域的质疑时，不要直接用专业术语回应，而是要把专业知识拆分成大众熟知的元素。用熟悉的概念类比，降低理解门槛，让质疑者在自身认知范围内逐步理解新技术，减少因陌生感带来的质疑。

在一场科技产品发布会上，冯雷所在的公司推出了一款新型智能家居控制系统，新型智能家居控制系统可实现全屋家电的智能互联与远程操控。然而，台下一位观众满脸疑惑，站起来质疑道：“这听起来太复杂了，真有你说的那么神奇？感觉不太靠谱。”

冯雷作为产品讲解人，微笑着回应：“先生，您的疑问很正常。其实这款智能家居控制系统，本质上包含两个基础部分：一部分类似咱们日常使用的遥控器，您用遥控器能方便地开关电视、调节音量，这个系统是通过手机 App，轻松控制家里的电器，实现开关、调节温度等。另一部分如同小区的门禁系统，它能识别不同住户，保障居住安全。我们的系统能精准识别各个家电设备，让它们在安全稳定的环境下运行。通过这两部分协同，就能实现全屋家电的智能互联与远程操控，给您带来便捷又安心的生活体验，是不是很好理解？”观众听后，纷纷点头，原本的质疑声渐渐消失，对新产品有了更清晰的认识。

采用递进式回应

不要一次性抛出所有观点，而要逐步递进回应质疑。先针对质疑的表层问题给予初步解答，引导质疑者深入思考。比如对方质疑项目计划的可行性，先回应：“关于你对项目计划可行性的疑问，从初步执行步骤来看，第一步我们会采用 ×× 常规方法，基于第一步的成果，第二步我们会引入 ×× 优化措施，这能提升效率，保障项目顺利推进到下一阶段。”通过递进式回应，让质疑者跟随你的节奏，逐步深入理解复杂的项目计划，化解质疑。

公司会议上，有员工质疑新推行的数字化办公系统成本高、操作复杂，没有必要。负责人解释道："大家觉得成本高、操作复杂，其实这套新系统就像升级家里的门锁。旧门锁（传统办公方式）虽然简单便宜，但安全性和便捷性有限。新的智能门锁（数字化办公系统）安装时要花钱，学习使用也需要时间，但安装后，出门不用带钥匙，远程就能控制，还能记录谁进出过，安全性和便捷性大大提升。新办公系统也是如此，能提高办公效率、保障数据安全，从长期运营看，能为公司节省成本、创造更多价值。"员工们听后，对新系统有了更深入的理解，逐渐接受并积极使用 。

运用类比回应低认知质疑的沟通要点

1. 精准把握质疑核心

在回应质疑前，首要任务是准确理解对方的核心疑虑。通过复述问题或确认关键信息，我们可以确保自己与对方在同一思维模式上，避免因误解而给出偏离主题的类比回应。例如当对方表达对方案执行中资源不足的担忧时，我们应明确捕捉到这一点，并据此构建恰当的类比。

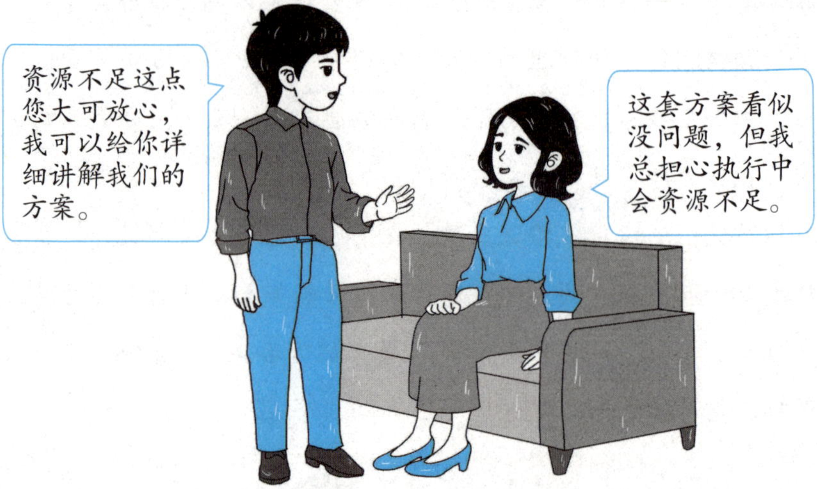

2. 确认对方理解

给出类比回应后，我们需要通过询问或观察对方的反应来确认其是否真正理解。这可以通过让对方复述解释内容或提出疑问来实现。如果对方仍有困惑，我们应及时调整类比方式或进一步解释，以确保信息传达的准确性。

3. 灵活选择类比对象

若发现所选类比对象不合适或对方不认同，我们应保持灵活性，及时放弃并重新寻找更合适的类比对象。例如当“公司组织架构如人体器官”的类比不被对方接受时，我们可以尝试用“公司如足球队”的类比来解释自己要说的内容。

一学就会的说话、回话技巧

★场景一：被他人不合理要求

●**普通回应：** 不行，我没时间。

■**智慧回应：** 我特别想帮你，但我手头工作排满了，按优先级实在抽不出时间，要不我给你推荐个专业且有空的人？

★场景二：给领导提出改进建议

●**普通回应：** 领导，你这方法不对，得这么做。

■**智慧回应：** 领导，您之前的方案在［**肯定部分内容**］上效果显著，实践后我发现，在［**指出问题点**］上调整一下，比如［**提出建议**］，可能会提升工作效率。

★场景三：与合作方有利益冲突

●**普通回应：** 这部分利益我们必须要，没得商量。

■**智慧回应：** 我理解双方都想在合作中实现利益最大化，目前利益分配有分歧，从长期合作带来的市场拓展和品牌价值提升出发，我们重新探讨一个共赢方案。

★场景四：被人质疑观点

●**普通回应：** 你根本不懂，别乱说。

■**智慧回应：** 每个人对这个问题都有见解，你的质疑很有价值，让我换个角度解释。我基于［**阐述依据**］得出观点，你看合理吗？

★场景五：主导会议讨论

●**普通回应：** 大家都说说想法。

■**智慧回应：** 今天的会议很重要，关乎工作方向，相信大家准备得很充分。我先起个头，从［说明主题角度］看，目前存在［提出问题］，大家围绕这个谈谈看法和建议。